山海经 神怪异兽全画集 下卷

徐客 编著

精装珍藏版

天津出版传媒集团

天津人民出版社

图书在版编目（CIP）数据

山海经神怪异兽全画集：精装珍藏版.下卷 / 徐客
编著. -- 天津：天津人民出版社, 2018.4
　　ISBN 978-7-201-12898-6

　　Ⅰ.①山… Ⅱ.①徐… Ⅲ.①历史地理－中国－古代
②插图(绘画)－作品集－中国－现代 Ⅳ.①K928.631
②J228.5

　　中国版本图书馆CIP数据核字(2018)第026258号

山海经神怪异兽全画集：精装珍藏版.下卷

SHAN HAI JING SHEN GUAI YI SHOU QUAN HUA JI
JING ZHUANG ZHEN CANG BAN XIA JUAN

出　　　版　天津人民出版社
出 版 人　黄　沛
地　　　址　天津市和平区西康路35号康岳大厦
邮政编码　300051
邮购电话　（022）23332469
网　　　址　http://www.tjrmcbs.com
电子信箱　tjrmcbs@126.com

监　　　制　黄　利　万　夏
责任编辑　玮丽斯
特约编辑　刘长娥　赵　赟
书法支持　李景军
装帧设计　紫图图书ZITO

制版印刷　北京天宇万达印刷有限公司
经　　　销　新华书店
开　　　本　787毫米×1092毫米　1/16
印　　　张　35.5
字　　　数　160千字
版次印次　2018年4月第1版　2018年4月第1次印刷
定　　　价　199.00元

序言
上古奇幻巨著
《山海经》中的神怪异兽

一部想象力非凡的惊世之作

　　《山海经》是中国先秦古籍，被认为是一部富有神话色彩的最古地理书，也是一部关于中国古代物种演化、地理变迁的传奇之作，内容地负海涵、包罗万汇，极富想象力。它通过诡异的文字与形象的绘画，让我们依稀解读那些或已进化、或已绝迹的远古生命；了解我们的祖先几千年前的生活和思想；感悟那天、地、人、兽的无穷奥秘。

　　《山海经》主要记述古代地理、物产、神话、巫术、宗教等，也包括古史、医药、民俗、民族等方面的内容。有些学者认为《山海经》不单是神话，而且是远古地理，包括了海内外丰富的山川鸟兽资源。除此之外，《山海经》还以流水账的方式记载了一些奇闻逸事，然而这些事件至今仍然存有较大争议。《山海经》全书18卷，其中《山经》五卷、《海经》八卷、《大荒经》四卷、《海内经》一卷。记载了100多个邦国、550座山、300条水道以及诸多邦国山水的地理、风土、物产等信息。《山海经》的作者与成书年代，众说纷纭。过去认为是禹、伯益所作，大约出于周秦人的记载。然而北齐《颜氏家训·书证篇》又据《山海经》文中有长沙、零陵、桂阳、诸暨等秦汉以后的地名，则认为绝非是禹、伯益所作。后世中，随着考古学的发展，禹、伯益之说日趋被否定。

现代中国学者一般认为《山海经》的成书非一时，作者也非一人，时间大约是从战国初年到汉代初中期，于西汉校书时才合编在一起，而且书中许多内容可能来自口头传说。《山海经》现在最早的版本是经西汉刘向、刘歆父子校刊而成的。晋朝郭璞曾经为《山海经》作注，考证注释者还有清朝毕沅的《山海经新校正》和郝懿行的《山海经笺疏》等。

明清《山海经》图本

明清两代至民国初年，《山海经》流传广泛，出现了十四种带图的《山海经》刻本。

《山海经图赞》书影 晋 郭璞

《山海经》集历代众人的智慧而成，它是我国最早的有图有文的经典。据记载，最早提到《山海经》是有图的，是东晋学者、训诂学家郭璞，在他的注文与《图赞》中，多次出现"图""像""画"等文字。

牛耕图
晋 彩墨 砖画 纵17厘米 横36厘米 甘肃省嘉峪关市文物管理所藏

《山海经》中记载了大量先人的发明创造，反映了当时的科技水平。"农业先祖"后稷教民播种百谷，百姓生活渐渐安定；他的孙子叔均发明牛耕，使农业的发展又迈了一大步。牛耕这项技术延续了几千年，直至今天有些地方还在使用。

这样一部体系庞大、内容丰富的书，究竟为何而作，属于什么性质，应归入何种门类，一直以来都有很多说法。班固《汉书·艺文志》中认为，此书是"大举九州之势"而求其"贵贱吉凶"，类似后世讲究"风水"的迷信之书；司马迁在《史记·大宛列传赞》中说"《山海经》所有怪物，余不敢言之也"，最先指出其书的志怪性质；现代学者中也有主张《山海经》是记神话传说的。如《大荒西经》中的女娲补天，《大荒北经》中的夸父逐日，《北山经》中的精卫填海，此外书中还有许多山神、海神、河神、水神、火神、风神、雨神、旱神，以及日月之神等等。总之，《山海经》是一部蕴含中华几千年古文明的上古百科全书。

拨开神话见历史

中国古代也一直把《山海经》当作史书看待，它是中国各代史家的必备参考书。虽然由于浓郁的神话色彩和较强的夸饰性，事物本身的真实性要大打折扣，但是，它们毕竟留下了历史的身影。如果把几条类似的材料

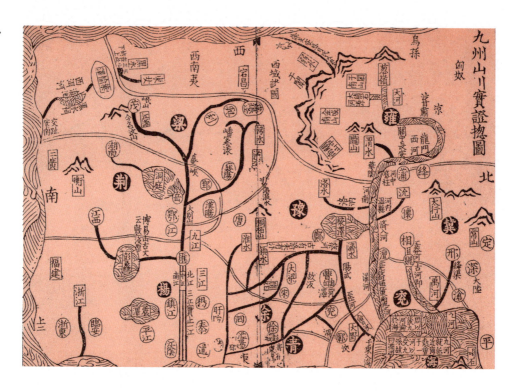

九州山川实证总图 宋 雕刻 墨印

《山海经》是一部古地理书，记载了远古地理风貌、古老中国的山川河流走向、丰富的鸟兽资源及各地风土民俗等。堪称我国最早的山川河流地理书。在古代，九州泛指全中国，这幅《九州山川实证总图》，为我国现存最早的雕版墨印地图实物。图中所辖范围，《山海经》中多有记述。

加以比较，还是不难看到历史的真实面貌的。例如《大荒北经》中黄帝大战蚩尤的记载，剔除其神话色彩，我们可以从中看到一场古代部落之间的残酷战争。

同时，《山海经》又是一部科技史，既记载了古代科学家的创造发明，也记载了他们的科学实践活动，还反映了当时的科学思想以及已经达到的科学技术水平。例如，关于天文、历法，《大荒西经》载："帝令重献上天，令黎邛下地。下地是生噎，处于西极，以行日月星辰之行次。"《海内经》载："噎鸣生岁十有二。"关于农业生产，《海内经》载："后稷是始播百谷。""叔均是始作牛耕"。《大荒北经》载："叔均乃为田祖。"关于手工业，《海内经》载："义均是始为巧倕，是始作下民百巧。"诸如此类的记载不胜枚举。

山海经神怪异兽全画集 下卷

Legends of Mountains and Seas

汇集中国史上最优美的神话

《山海经》最重要的价值之一在于它保存了大量神话传说，是中国神话传说之"渊府"。任何不可思议的想象都能在《山海经》中寻到踪迹。它以描述各地山川为纲，一共记载了175种奇禽异兽、56种怪蛇游鱼、441位神仙、80位异人能士、8个尸象等神怪异兽，以及它们的神话怪谈。

上天入地，神灵仙人，野兽奇禽，妖魔鬼怪，这些奇观怪谈都收录在《山海经》中。我们耳熟能详的奇幻神话就有太多，"女娲补天""夸父逐日""大禹治水""精卫填海""共工怒触不周山""后羿射日""黄帝擒蚩尤"等。书中记载的妖怪奇谈更是不少，吼声如婴儿啼哭的九尾狐，声如猫叫、能抵御凶灾的大天狗，能知祖先姓名的嗜酒狰狰，能歌善舞的混沌帝江，鸟头蛇身的治水神龟，等等。另外《大荒经》和《海外经》中还收录了许多的异人，皮肤黝黑的不死居民，身材短小的周饶国人，手托长耳的聂耳国人，全身生毛的毛民国人，等等。

《山海经图》图本内图 明 胡文焕

图与说并举是胡氏图本的一个特点，而体态飘逸、线条流畅的猛槐则代表了胡本的绘图风格。

《山海经存》图本内图 清 汪绂

汪绂所绘图像极为生动传神，虽是神怪，仍不失写实之风；着墨自然，笔力苍劲，图像多桀骜独特。

《山海经广注》康熙图本内图 清 吴任臣

该图本是清代最早的《山海经》图本，流传非常广。其形象多源自胡文焕图本。

《古今图书集成·博物汇编·禽虫典》图本内图

《禽虫典》本和《神异典》本的图像较为相似，最大的不同可能就是《禽虫典》中图像有的设置背景，而有的没有背景。

　　《山海经》中大量存在的这些神话传说，是今天我们研究原始宗教时难得的珍贵材料。其直观的想象力和巨大的想象空间，体现了人类自古以来的好奇之心和敬畏之心，以及上古之人的信仰，是我国民族思想的源泉。这些出神入化的神怪异兽，更是激发了现代人的想象力和创造力，根据《山海经》的神怪异兽形象创作了众多优秀的影视作品、文学作品等，如《仙剑奇侠传》《大圣归来》《大鱼海棠》《捉妖记》等等中很多有趣的角色、形象，都得到了观众和读者的广泛认可。

图画是《山海经》的灵魂

　　《山海经》是我国最早的一部有图有文的经典，图画可以说是《山海经》的灵魂，有人说，《山海经》是先有图后有文的一部奇书。郭璞在注解《山海经》的时候，为它配了整套的插图；梁武帝时期张僧繇画《山海经图》十卷；唐代张彦远《历代名画记》卷三记载了在唐代业已失传的《山海经图》；北宋舒雅根据皇家图书馆保存的张僧繇之图重画了《山海经图》十卷，等等。令人惋惜的是，这些古老的《山海经图》都亡佚了。但这些曾经存在过的古图，以及出土文物中与《山海经》同时代的图画，却开启了我国古代以图记事的文化传统。《山海经》出现的时代可以说是人类文字出现之初真正意义上的读图时代。

今日所见均为明清以后所画，共有 14 种刻本，本书引用了其中 7 个版本中的上千多幅图，并以明代蒋应镐、明代胡文焕、清代汪绂等人所绘图画为主，其形象生动的画面可以使读者对《山海经》中所出现的神仙、怪兽有较直观、全面的了解。

作者	著作	年代	特点
胡文焕	《山海经图》	明万历二十一年	共 133 幅图，合页连式，右图左说，无背景。
蒋应镐	《山海经（图绘全像）》	明万历二十五年	属万历金陵派插图式刻本，共 74 幅图，包括神与兽 348 例。
吴任臣	《山海经广注》康熙图本	清康熙六年	共 144 幅图，按神、兽、鸟、虫、异域分为五类。
陈梦雷蒋廷锡	《古今图书集成·博物汇编·禽虫典》	清雍正四年	图像分有背景和无背景。
蒋廷锡	《古今图书集成·博物汇编·神异典》	清	一图一说，有背景。
汪绂	《山海经存》	清光绪二十一年	神与兽共 426 例，无背景一图多神或一图一神的编排格局。
	《方舆汇编·边裔典》	清	共 52 幅图，多描绘《海经》中的异国异人。

集大成者的新版本

《山海经》这部蕴含中华古文明的上古百科全书，它的神秘诡异和璀璨多姿在几千年后的今天仍让人无限神往。本书吸取了前人丰富的研究成果，并立足于《山海经》与古代文明的衍生关系，制作了这本奇幻、生动的《山海经神怪异兽全画集（精装珍藏版）》。有以下几点创新之处：

一是图像丰富。本书所有图画，由 20 人组成的团队，历时 400 余天，搜集整理了历代关于《山海经》的 14 种刻本，精心挑选出 2200 多幅经典形象的古版插图，并且仔细辨认，准确归类。所有图重新描线勾勒，尽可能地恢复怪兽的本真形象，并且通过大胆使用明亮饱满的金刚红色，全书呈现一种浮夸冶艳的效果，给人一种强烈的视觉震撼力。希望这些既神奇诡谲又法力无边的奇禽异兽能入梦，丰富你的想象世界。

中华民族的"母亲河"——黄河
清 绢底 彩绘 纵 80 厘米 横 1260 厘米

二是内容专一。本书主要介绍《山海经》中的 760 余种神怪异兽。按照《山海经》原文的次序，介绍了南山经、西山经、北山经、东山经、中山经 5 大山系，海外经、海内经、大荒经 3 大海经中的山间怪兽、水中怪兽和天上的奇禽，还有各山的山神及栖居于此的天神、部落的异民等等，汇集整理了多部著作中对这些神怪异兽外形和故事传说的记述。用现代的手法来诠释这部经典，试图详尽、生动地展示《山海经》中神怪异兽的风采，使它们的形象在读者心中更加鲜明可亲。

三是大众读本，为生僻字、异体字注音。《山海经》中的神怪异兽大多有着奇异的名字，存在大量难懂的生僻字、异体字。我们为了给读者提供一本通俗易懂更易了解《山海经》的简单读本，我们特别做了注音的工作。除了研究常用的《现代汉语词典》《辞海》《汉语大字典》《汉语大词典》等，还查找了《王力古汉语字典》《康熙字典》《说文解字》《字源》

这条激荡、澎湃、雄浑、刚劲的长河，犹如母亲般包容、温暖、沧桑、慈爱。她的脚边，世世代代的中国人繁衍生息；虎、鹿、鱼、虫之类的物种百科生机勃勃；河伯、水神、天上、人间的美丽传说流传久远。从古至今，这条蜿蜒九曲的大河一直是华夏文明孕育衍生之源，唯有她的哺育，才能诞生如《山海经》这样一部宏大瑰丽、充满想象的地理奇书。

等诸多版本的字词典，尽可能地选择了更符合原文本意，同时又更具公认性、便于流传的字形、读音。但因为编者能力、学识所不及，难免有出入和不足之处，欢迎读者指正，互相交流。

下卷说明

本书是《山海经神怪异兽全画集（精装珍藏版）》的续作，与上卷组合，共同记述了《山海经》一十八卷的内容。下卷内容分别是《中山经》第七次至第十二次山系、《海经》八卷、《大荒经》四卷、《海内经》一卷。该部分主要收录了82种珍奇异兽、86名能人异士、102位神灵的外貌、特征及传奇故事。神鸟凤凰，飞登九天；帝之二女，出入风雨；聂耳国

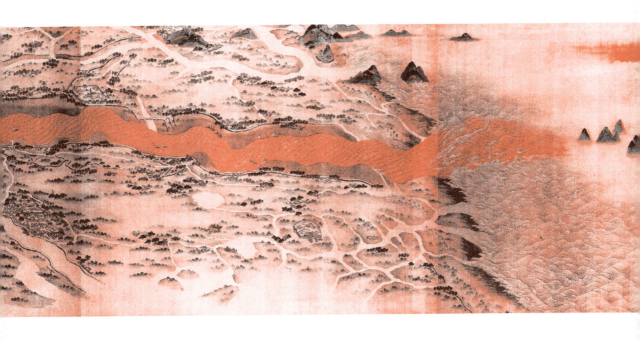

人，手托长耳；雷泽雷神龙身人头……这些长相奇特，拥有特殊能力的神怪异兽们并不令人恐惧、生畏，而是诙谐中不乏可爱，灵动中憨态可掬。

千年轮转，沧海桑田，《山海经》中的神怪异兽已经隐退，但留给我们现代人丰富的想象、浪漫的情感与不灭的智慧。这些瑰丽的想象力才是我们最珍贵的文化宝藏。

本书立足于研究民族神话、民俗文化之源，刻写经典古籍背后的民族精神、风物，非为宣扬"怪力乱神"，望广大读者理性鉴赏为盼。

目录 Contents

山海经神怪异兽全画集 —第五卷—

Legends of Mountains and Seas

中山经

中山经是《山海经》中最详尽、内容最丰富的一部分。本章节记述了中山第七次山系到第十二次山系的内容，这里地域广阔，山系众多。从休与山起到大騩山止，从景山直到琴鼓山、从女几山到贾超山、从首阳山到丙山，从翼望山到几山、从篇遇山到荣余山，共一百三十座山的鸟兽禽虫，神祇妖魔。比如长相像小猪又爱骂人的山膏、能驱灾的狋猴似的鮨鱼、带有剧毒的鸩鸟、用尾巴敲肚皮奏乐的鼍、治疗疑心病的三足鳖等。

中次六经

蒋应镐图本 平逢山一带

平逢山上站着双头山神骄虫。
厜（guī）山上的长尾鸟名鸰鹕。
豪水从密山发源，水边张望的
鸟首龟为旋龟。大山是狂水的
源头，水中游着的是三足龟。
半石山下是来需之水，水中有
许多鯩鱼。中央第六列山系的
山神有两种形貌：其一为猪身人
面十六神，其二为人面三首神。

骄虫

jiāo chóng

汪绂图本
此神的另一个头从右脸长出；周围飞舞
着蜂，以示他是蜂的首领。

中央第六列山系叫缟羝山山系，山系的首座山叫作平逢山。山中有一个山神，其形貌像人，却长着两个脑袋，这个神的名字叫骄虫，是所有能蜇人的昆虫的首领，所以他所管辖的这座平逢山也就成了一个各种蜜蜂聚集做巢的地方。

祭祀这位骄虫神，要用一只雄鸡作祭品，祈祷他为人们驱除灾祸，使蜜蜂蜇虫不蜇人。作为祭品的雄鸡不必杀死，在祭祀完毕后就把它放掉。这种风俗在我国民间至今仍有保留。

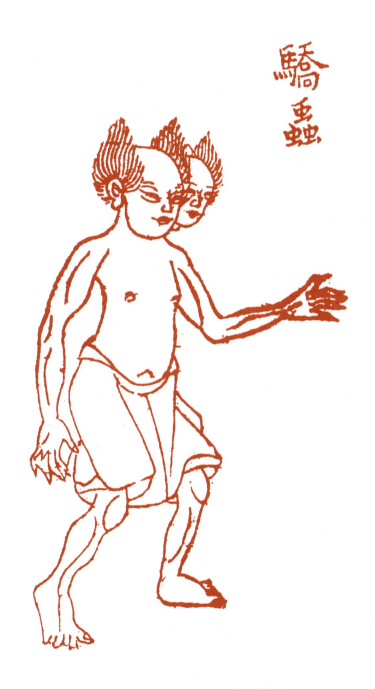

騎蟲

胡文焕图本
骄虫两首一身，第二个脑袋从耳
旁边并排长出。

驺虫神圖

《神异典》
骄虫着长披肩，作武士打扮。

蒋应镐图本
骄虫身形像人，长了两个脑袋，披着披肩，双手
交握于腹部，面目平和。

鸰䳠

líng yāo

缟羝山往西十里，是廆山。山中栖息着一种鸟，其形状像野鸡，身后却长着一条长长的尾巴，身上羽毛颜色鲜艳，通体赤红就好似一团丹火，而喙却是青色的，名字叫鸰䳠。它啼叫时的声音就像在呼唤自己的名字，人吃了它的肉就不会做噩梦，还可以避妖。

蒋应镐图本

鸰鹨是一种美丽的大鸟，尾巴非常长，身上的羽毛
五彩斑斓，非常漂亮。

《禽虫典》
一只美丽的长尾大鸟，正站在
树枝上探头下望。

鸀鶄

汪绂图本

鸀鶄外形像野鸡，但拖着美丽纤长的尾巴，
羽毛艳丽，非常好看。

旋龟

xuán guī

蒋应镐图本
图中的旋龟鸟首鸟尾，尾巴像鳖，不在水中，而是趴在山谷间。

谷山再往西七十二里，是密山。豪水从这座山发源，然后向南
奔腾而去，最后注入洛水，水中生活着很多旋龟。《山海经》中的旋
龟有二：一是《南山经》中杻阳山的旋龟，其为鸟首，音若判木。
二是此处密山之旋龟，其为鸟首鳖尾，叫起来好像敲击木头的声音。

汪绂图本

旋龟的头像鸟首，只是尾巴稍微长些。

脩辟鱼

xiū bì yú

汪绂图本
虽然名为脩辟鱼，但它更像现代的青蛙。

　　傅山再往西五十里，是橐山。山上林木蓊郁，绿意盎然。林中的树木大多是臭椿树，还生长着茂密的蒿草。橐水从这座山发源，奔出山涧后向北流淌，最后注入黄河。脩辟鱼就生活在这橐山水中，其形状像青蛙，却长着白色的嘴巴，发出的声音就如同鹞鹰鸣叫。人吃了这种鱼的肉能治愈白癣之类的痼疾。

　　根据脩辟鱼的外形推测，它可能是今天的弹涂鱼。这是一种进化程度较低的古老鱼类，它们用腹鳍作吸盘，以此来抓住树木，用胸鳍向上爬行，能较长时间待在水域外。

kuā fù

　　远古时期，有一个叫夸父的部族，他们生活在北方大荒中一座叫作"成都载天"的高山上，部族中的人都是非常高大的巨人，而且力气很大，耳朵上挂着两条黄蛇，手里也把玩着两条黄蛇，模样十分狰狞恐怖，但他们实际上却是性情平和、善良的人。

　　有一天，一个执着又傻气的夸父族人产生了一个奇怪的念头，他看到原野上渐渐西斜的太阳，产生了对黑夜的厌恶和对光明的强烈追求，他想道：太阳就要落下，黑夜就要来临，我不喜欢黑夜，我要去追赶太阳，捉住它，这样就能永远得到光明了。于是他便提起长腿，

蒋应镐图本

夸父是炎帝的后裔，是神话中巨人族当中的一支。夸父决定追
逐太阳，但是路途中太过口渴，一口气喝光了黄河和渭水，但
最终还是渴死在路上。

迈开大步，追赶那渐渐西斜的太阳。

夸父的腿很长，跑得也很快，他在原野上飞奔，快得像一阵风，瞬间就跨越了千万里，一直追着太阳直到禺谷。禺谷就是太阳下山后栖息的地方，一团巨大的红色火球出现在夸父面前，他终于追上了光明。他兴高采烈地举起手来，想把这个巨大的红色火球抱在怀中。这时夸父才突然感觉自己又累又渴，刚才忘我的奔跑已经耗费了他大量的体力，他不得不暂时放下已经追上的太阳，俯下身子去喝黄河、渭河的水。谁知经他这么一喝，两条大河的水都被他一口气喝干了，但他还是觉得口渴难忍。于是他向北方跑去，想喝大泽里的水。大泽又叫"瀚海"，在雁门山的北边，方圆千里，水势浩瀚。这倒是一处很好的水源，完全可以解除夸父的口渴。

可惜夸父还没有到达目的地，就在中途渴死了。他颓然地像一座山似的倒了下来，发出巨大的声响，大地都在抖动。逐渐落下的太阳把最后几缕余晖照在夸父的脸上，夸父感到无比遗憾，长叹一口气后，把手中拄着的拐杖奋力向北一抛，闭上眼睛永远长眠了。夸父死后，他的身体就变成了这座巍峨高大的夸父山；而他扔出去的手杖，则变成了一片绿叶繁茂、果实累累的桃林。他把这滋味鲜美的果子，遗赠给后来追求光明的人们，解除他们的口渴，让他们振奋精神、继续前进。

另外，《海外北经》中还记载了一个夸父国，这里也有关于夸父的传说。

缟羝山山系
诸山神

中山经

中次六经

　　总计缟羝山山系之首尾，自平逢山起，到阳华山止，一共十四座山，绵延百九十里。这一山系的祭祀通常在每年六月进行，祭祀的礼仪一如祭祀其他山岳的方法。这样祭祀之后，天下才会太平。

中次七经

山膏

shān gāo

《禽虫典》
山膏的外形像小猪，浑身皮毛火红。

苦山中有种野兽，叫作山膏，其形状像小猪，浑身毛皮红如丹火，喜欢骂人。

上古时，帝喾出游，在山林中曾遇上一只山膏。岂料这异兽出口即骂，被帝喾的狗盘瓠咬死。

天愚

tiān yú

汪绂图本
天愚看起来像书生一样文弱，实际上却能呼风唤雨。

　　苦山再往东二十七里，是堵山。据说天神天愚住在
这里，山上经常会刮怪风、下怪雨。

文文

wén wén

《禽虫典》
文文的外形像蜜蜂一样，但实际上是一种小的野兽。

　　放皋山中栖息着一种野兽，外形像蜜蜂，身后却跟着条
分叉的尾巴，嘴里的舌头反长。它喜欢呼叫，发出"文文"的
声音，因此它的名字叫文文。

三足龟

sān zú guī

伊水中生活着很多三足龟，名字叫贲。它虽然样子有些奇特，但却是一种吉祥的动物。吃了它的肉，就不会生大的疾病，还能消除痈肿。

蒋应镐图本
三足龟与普通乌龟没有不同，却只有三只脚。

咨三足能龟三足奇

《尔雅音图》

两只三足龟在水边嬉戏，其中一只形貌符合经文所记；
而另一只除龟甲外，周身还披有鳞甲，且三足似龙爪。

吴任臣近文堂图本

三足龟前两足短小，后一足异常粗大。

鯩鱼

lún yú

Legends of Mountains and Seas

来需水中生长着很多鯩鱼，浑身长满黑色斑纹，体形和鲫鱼相似。吃了它的肉，就能精神饱满，不会犯困；还能消除肿痛。

蒋应镐图本

鯩鱼与普通鱼并无异处，在海浪中嬉戏游动。

téng yú

騰鱼

蒋应镐图本
体形如鳜鱼，尾巴红色，身上长满青色斑纹。

合水从半石山北麓流出，然后向北流淌，注入洛水。水中生长着很多騰鱼，其形状像普通的鳜鱼，终日隐居在水底洞穴中，浑身长满青色斑纹，身后的尾巴却是红色的。吃了它的肉就不会患上痈肿疾病，还可以治好瘘疮。

苦山山系
诸山神

山海经神怪异兽全画集 下卷

Legends of Mountains and Seas

汪绂图本
十六神为兽形神，四猪蹄着地，人面含笑。

　　总计苦山山系之首尾，自休与山起到大騩山止，一共十九座山，蜿蜒一千一百八十四里。其山神有两种不同的形貌，苦山、少室、太室三座山的山神与其他各山的猪身人面神不同，是人面三首神。其余十六座山，其山神的形貌都是猪的身子、人的面孔。

蒋应镐图本
猪身人面十六神，长着人的面孔和身子，
但是四肢如野兽一般。

祭祀这些山神的礼仪是：在带毛禽畜中选用一只纯色的羊献祭，
祀神的玉器选用一块带纹理的藻玉，祭献完毕后将玉埋入地下。苦山、
少室山、太室山属于冢，冢指隆起的坟墓。山冢是天子祭祀的地方，
是埋葬祖先的场所，也是灵魂回归的地方。因此，山冢具有神圣性，
是先民向往的圣地。所以对这三座山山神的祭祀与众不同，特别神圣，
也特别隆重。这三个山神的形貌都是人的面孔，但长着三个脑袋。

善山石室神

汪绂图本

三头二臂二足，身着便衣，双手平举，像是在进行某种祭祀仪式。

蒋应镐图本
人面三首神，只有一个身体，却长着三个头。

中次八经

蒋应镐图本　荆山一带

荆山是漳水的发源地，水中有
体形庞大的鲛鱼。骄山的山神
为人面兽身神蟲围。女几山上伸
颈振翅的飞鸟名鸩。光山的山
神为龙首人身神计蒙。岐山上
站着方脸三足的山神涉蟲。

鲛鱼

jiāo yú

山海经神怪异兽全画集 下卷

Legends of Mountains and Seas

鲛鱼又叫鲨鱼，体形庞大，鱼皮上有珍珠似的斑纹，而且十分坚硬，其皮可以用来装饰刀剑。它尾部有毒，能蜇人。鲛鱼腹部长着两个洞，其中贮水养子，一个腹部能容下两条小鲛鱼，小鲛鱼早上从母亲嘴里游出，傍晚又回到母亲腹中休息。

蒋应镐图本
鲛鱼的鱼皮上有斑纹，尾部有毒，能蜇人，
其皮可用来装饰刀剑。

《尔雅音图》

鲛鱼也称鲨，《尔雅音图》中有鲨图。

鲛鱼图

《禽虫典》
鲛鱼为一条胖头肥身之鱼，皮上有圆点或交错的珠纹。

蠱围

tuó wéi

神蠱围

汪绂图本
蠱围赤身裸体，姿态奇异，作人形状。

　　神仙蠱围居住在骄山中，其外形像人，但头上长着羊角，四肢上长着虎爪，他常常在雎水和漳水的深渊里畅游，出入各处时，身上都会闪闪发光。

　　蠱围是骄山的一山山神，骄山也是冢，在中央第八列山系中占有重要的地位，祭祀他的仪式也比较隆重，要用专门献神的酒敬祭，还要用猪羊各一头，取其血涂抹祭品后埋入地下，祀神的玉要用璧。

蠪围神圖

《神异典》
蠪围为人面兽身，身后有神光环绕，以示出入有光。

《禽虫典》

蟲围为人面兽形神，造型独特。

zhèn niǎo

鸩鸟

　　女几山上有一种名为鸩的飞鸟，传说鸩鸟是一种吃蛇的毒鸟，其体形和雕或猫头鹰相当，羽毛为紫绿色，颈部很长，喙是红色的。雄鸟名叫运日，雌鸟名叫阴谐，江南人把它们称为同力鸟。它们能预报天气，如果天气将晴朗少云，则雄鸟运日先鸣；如果将有阴雨，则雌鸟阴谐就先鸣叫。

　　鸩鸟专门吃毒蛇，毒蛇的毒性渗透到鸟体的各个器官，不仅肌肉、内脏有毒，连喙和羽毛都有毒，甚至连它接触过的东西也会受剧毒影响。鸩的屎拉在石头上，石头会腐烂如泥；鸩的巢下数十步之内寸草不生；鸩鸟饮水的小溪，各种虫子都会被毒死。人要是不小心吃了它的肉也会被毒死。古人用鸩鸟的羽毛浸泡毒酒，名为鸩酒，以毒害他人，以致后来的毒酒就都叫鸩酒了。

鸩

汪绂图本
鸩身躯庞大，属猛禽一类的大鸟，单腿独立，
似要振翅高飞。

　　中国古代的毒药中，最有名的应该是"鸩"这种毒药，成语
"饮鸩止渴"便是源于此。古代，用毒药致死人命是谋害人或惩罚
人的手段，而常用的毒杀手段是鸩毒。

　　鸩鸟的毒来自毒蛇，但又可以以毒攻毒，化解毒蛇的毒性。李
时珍在《本草纲目》中说，人如果被毒蛇咬了，就把鸩鸟的角质的
喙刮下少许粉末，敷到伤口上，可以立即止毒，很快痊愈。而正常
的人误食鸩鸟的肉或内脏，就要送命。

　　虽然鸩鸟有毒恶名远扬，但作为一种猛禽，它专门捕食让人不
寒而栗的毒蛇，因此人们又把它当成勇猛与力量的象征，把它捕蛇
的形象铸刻在贵重的青铜器上。

鸩

鸩鸟食蛇图
鸩鸟食毒蛇，故而有剧毒。

鴢

《三才图会》
鴢身姿敏捷，正口叼毒蛇，欲食之。

蒋应镐图本
鸩鸟的显著特征是有剧毒，但是在外形上并没有什么特别之处。

计蒙

jì méng

山海经神怪异兽全画集 下卷

Legends of Mountains and Seas

汪绂图本
计蒙播雨之神的身份，裸身赤足，长角长须，右手作洒雨状。

　　天神计蒙居住在光山，长有人的身子、龙的头。他常常在漳水的深渊里畅游和嬉戏。它出入行动的地方，一定伴随着狂风暴雨。计蒙是光山的一山山神，也是山川之神和风雨之神，虽然他没有固定的祭祀仪式，但仍然受到民间百姓的祭拜。

毕沅图本

计蒙为龙首人身，昂头拱手，一副山神的威武神情。

涉蟲

shè tuó

蒋应镐图本
神仙涉蟲就住在岐山里，长有人的身子，
方形面孔，三只脚。

　　神仙涉蟲就住在物产丰富的岐山中，他长有人的身子，却是
方形的面孔，身子下面还有三只脚。他在出入山中的时候，身体
会发光。涉蟲这类山神也没有固定的祭祀仪式。

荆山山系诸山神

jīng shān shān xì
zhū shān shén

蒋应镐图本
荆山山系的山神，长有鸟的身子、人的面孔，
似迎风而立。

荆山山系自景山起到琴鼓山止，一共二十三座山，蜿蜒两千八百九十里。诸山山神都有鸟的身子、人的面孔。祭祀山神的礼仪是：选一只雄鸡，取其血涂祭，然后埋入地下，并奉上一块藻圭献祭，祀神用稻米。骄山是诸山的宗主，要单独祭祀。祭祀骄山山神时要用精酿的美酒和完整的猪、羊，祭祀完毕后埋入地下，祀神的玉器用一块玉璧。

中次九经

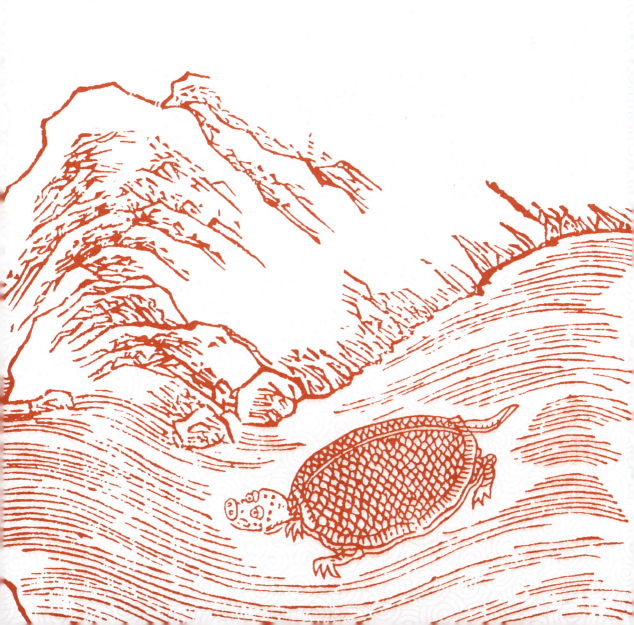

蒋应镐图本　岷山一带

中央第八列山系的山神皆为鸟身人面神。岷山是长江的发源地，江水中生活着名叫鼍的彩龟。岷山上有避火奇鸟窃脂。蛇山上生活着名叫狿狼的长尾兽。崃山上栖息着的大猴，名蜼。

tuó

汪绂图本
鼍形似蜥蜴，尾似鱼，四足长而有爪，鳞片光彩艳丽。

　　长江向东北滔滔流去，注入大海，水中生活着许多品种优良的龟，还有许多鼍，鼍的形状像蜥蜴，长可达两丈，其实就是扬子鳄，俗名土龙、猪婆龙。

　　鼍是一种神鱼，能横向飞翔，却不能直接向上腾起，能吞云吐雾，能兴风下雨，尾巴一甩就能将河岸崩落，以其他鱼为食，喜欢晒太阳睡觉。

　　鼍的皮是做鼓的好材料，鼍鼓自古以来就是国家的重要礼器。帝颛顼曾经命鼍演奏音乐，鼍便反转身子，用尾巴敲击肚皮，发出嘤嘤的声音。

《禽虫典》

鼍造型颇为独特，为龟形，四足有尾，正仰头张望。

夔牛

kuí niú

汪绂图本
夔牛与普通的牛外形类似，但是毛更丰富，
体形也大得多。

　　传说夔牛比一般的牛要大很多，重数千斤。在钟鼎、彝
器等青铜器上常饰有夔纹。黄帝曾依照九天玄女的指示将夔
杀死，以其皮制成战鼓。

窃脂

qiè zhī

胡文焕图本
窃脂正怒目行走。

　　崌山中有一种禽鸟，名字叫窃脂，也叫桑扈。其与普通的猫头鹰相似，鸟冠颇长，双目有神，身上的羽毛是红色的，长着一个白色的脑袋，人饲养它就可以避火。

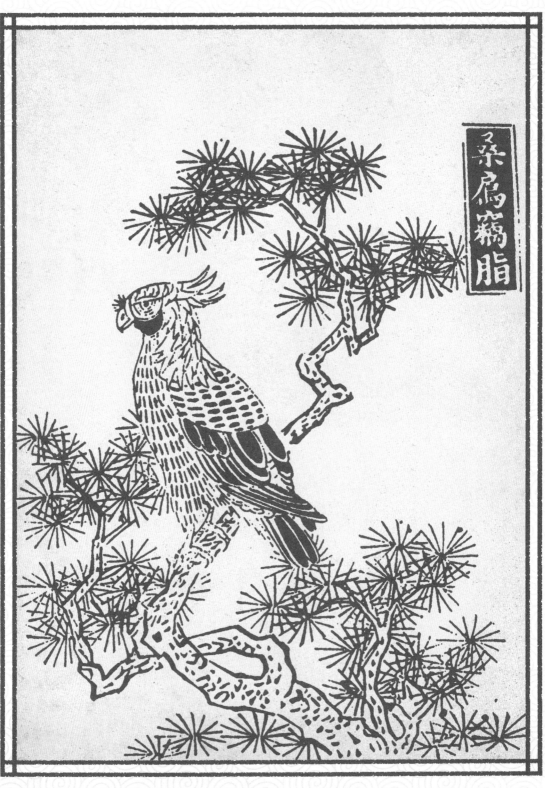

《尔雅音图》
窃脂为巨鸟，站立于树枝之上。

狨狼

shì láng

蒋应镐图本
狨狼在地上奔跑，好像狐狸一般，却有一条长长的
白色尾巴和一对长耳朵。

　　高粱山再往东四百里，是蛇山。山中栖息着一种野兽，
其形状和普通的狐狸相似，却长着白色的尾巴，头上还有一对
长耳朵，名字叫狨狼，它是一种不祥之物，在哪个国家出现，
哪个国家就会发生内乱，人民将饱受战争之苦。

蜼

wěi

蜼是一种长尾猿，其身体像猕猴的身体，鼻孔外露上翻，尾巴很长，可达四五尺。它能预报雨水，将要下雨的时候它就倒挂在树上，用尾巴或两根手指塞住鼻孔，以免雨水流入。传说古时江东地区的人养过这种长尾猿猴，训练它接物取物，身手甚是矫健。

因为蜼能预报雨水，所以人们往往把它当成下雨的象征。于是在八卦的图画中，画龙表示云，画雉表示雷，画虎表示风，而画蜼则代表雨。

蒋应镐图本

蜼的鼻孔向外翻，露在外面，尾巴很长，行走在山石之间。

《尔雅音图》

蜼，长尾绕过头顶塞进鼻子，突出了蜼以尾塞鼻的特点。

《禽虫典》
蛬为人面猴，与经文所记不同。

蜼

汪绂图本

蜼倒挂在树枝上，刻画了蜼喜好自悬于树的特性。

岷山山系
诸山神

mín shān shān xì
zhū shān shén

蒋应镐图本
岷山山系的山神长着马身龙首，样貌奇特。

岷山山系，自女几山起到贾超山止，一共十六座山，绵延三千五百里，诸山山神的形貌都是马的身子、龙的脑袋。祭祀山神时，要选一只公鸡作祭品埋入地下，用稻米祀神。

其中文山、勾山、风雨山、騩山，是神圣之山，有特别的祀礼。祭祀这四座山的山神要敬献美酒，用猪、羊二牲做祭品，祀神的玉器是一块吉玉。除此之外，因为熊山是诸山的首领，祭祀熊山山神要用更高规格的礼仪：除敬献美酒外，还要用猪、牛、羊三牲做祭品，祀神的玉器是一块玉璧。在禳除战争灾祸时，要手持盾斧跳舞；祈求福祥时，就要穿戴整齐，并手持美玉跳舞以表诚心。

中次十经

Mountain
Bird
山中奇禽

Immortal
神仙

蒋应镐图本　复州山一带

中央第九列山系的山神都是马身龙首神。复州山上的独足怪鸟为跂踵。又原山上能模仿人说话的鸟是鸚鴒。丰山上，猴形山神耕父在一圈神光中。瑶碧山上的毒鸟名鸩。支离山上尾巴似勺的奇鸟是婴勺。依轱山上生活着名猥的披甲怪兽。

跂踵

qǐ zhǒng

　　复州山的檀树林中栖息着一种怪鸟，它与一般的猫头鹰相似，却只长了一只爪子，身子后面还长有一条猪的尾巴，名字是跂踵。它是一种凶鸟，在哪个国家出现，哪个国家就会发生大瘟疫。

　　古人认为独脚的妖怪会带来疫病。特别是大年夜来访的诸神，如果当中有独脚的怪神，就会在人居住的地方到处播撒疾病的种子。因此，人们在除夕会早早放下寝室的帘子以防疫病。

　　其实在医学不够发达的年代，很多疾病是没有办法被医治的。在这种情况下，最好的方法就是将病人隔离，将尸体焚烧。但即便如此，还是有各种各样疾病传播肆虐，人们在与这种疾病做斗争的过程中，就产生了各种鬼神说。

蒋应镐图本
跂踵如野鸡一般，但只有一只脚。

《禽虫典》

远古人类对鸟的崇拜，体现为将鸟想象成形貌怪异的凶鸟，如生活在复州山的独足怪鸟跂踵，
一方面表现在赋予鸟某种神性，如象征太阳神崇拜的鸟形器。

鸐鹆

dí yù

汪绂图本

鸐鹆双翼伸展，正展翅飞翔。

　　又原山上各种禽鸟乱飞，尤以鸐鹆最多。鸐鹆就是八哥，浑身黑色，但翅膀上有一些白色羽毛，展开双翼后就像一个"八"字。这种鸟喜欢在水中洗浴，冬天遇到下雪时则喜欢群飞。八哥的舌头很发达，它能够效仿人说话。

蒋应镐图本
鸜鹆浑身是黑色的，翅膀上有白色羽毛。

《禽虫典》

鹦鹆身躯娇小，轻盈地立于岩石上。

鶺鴒

鸜鹆图

《吴友如画宝》
突出了鸜鹆浑身黑色、翅有白毛的特征。

首阳山山系
诸山神

shǒu yáng shān shān xì
zhū shān shén

汪绂图本
首阳山的山神是龙身人面神，图中的山神好似在飞舞。

  自首阳山起到丙山止，一共九座山，绵延两百六十七里。诸山山神都是龙身人面。祭祀山神的礼仪是：选一只雄鸡献祭后埋入地下，并用黍、稷、稻、粱、麦等五种粮米祀神。

  楮山是诸山的宗主，祭祀楮山山神要用猪、羊二牲作祭品，并进献美酒来祭祀，在玉器中选用一块玉璧，祀神后埋入地下。騩山是诸山山神的首领，祭祀山神要进献美酒，用猪、牛、羊三牲作祭品；祭祀时还要让女巫师和男祝师二人一起跳舞，同时在玉器中选用一块玉璧来祭祀。

中次十一经

蒋应镐图本　倚帝山附近

倚帝山中栖息着一种叫狙如的小
兽。鲜山上栖息着长毛长尾奇兽
狪即。历石山上样子像狸的兽为
梁渠。夫夫山上，山神于儿正操
两蛇立于山前滔滔大江的浪尖之
上。即公山中生活着一种龟形
兽，叫蜎。

蛟

jiāo

蛟

蛟生活在水里，外形像龙，能够发起洪水。

　　蛟的外形像蛇，却有四只脚，头很小，脖子也很细，脖颈上还长着白色肉瘤，卵如瓦罐大小，十分凶猛，能吞食人。蛟生活在水中，能够发起洪水。

　　龙是由蛟变的，蛟会选在特定的地理位置，积蓄天地能量，化为龙，这个过程称为走蛟。相水术中便有云："珠蚌中阴精，随月阴盈虚。盖夜明珠之所在，定能吸收月华星精，吐纳水阴波寒，聚月龙井是也。"聚月龙井，游蜂专有名词，即指蛟龙存在的地方，就是夜明珠所在之处。

雍和

yōng hé

汪绂图本

雍和是一种形似猿猴的灾兽，红眼红嘴，毛呈黄色。传说它出现的地方，就会发生恐怖的事件。

丰山中栖息着一种奇兽，名为雍和，像猿猴，却长着红色的眼睛和嘴巴，还有黄色的身子。

虽然它名字好听，却是一个灾兽。它在哪个国家出现，哪个国家就会发生大的恐怖事件，是上古时期的恐慌之神。

耕父

gēng fù

神耕父

汪绂图本
耕父和其他图本中的猴形神不同，为文人打扮，
头向一边扭去，显示了山神的傲气。

神仙耕父居住在丰山里，他常常在山中的清泠渊游玩。他不是一个吉祥之神，他在哪个国家出现，哪个国家就要衰败。耕父虽是山川之神，但可能因为他是旱鬼，所以人们对他并没有固定的祠礼，不过民间有些地方仍有祭祀此神的习俗。

耕父神圖

《神异典》
耕父衣袂飘飘，立于水边，后有神光环绕。

婴勺

yīng sháo

汪绂图本
婴勺正伸展翅膀，回首鸣叫，大大的勺形尾巴非常夸张。

　　山中一种禽鸟飞翔着，名字叫婴勺。其外形和普通的喜鹊相似，却长着红色的眼睛和嘴巴，白色的身子，尾巴很奇特，与酒勺的形状相似，也因此而得名。它啼叫的声音就像在呼唤自己的名字。

《禽虫典》

一只鹊形小鸟立于树下，仰头向树上望去，翘起的尾巴像酒勺。

青耕

qīng gēng

胡文焕图本
胡本中的青耕形状像喜鹊，青色身子。

　　堇理山的树林中栖息着一种禽鸟，名字叫青耕，与一般的喜鹊类似，长着青色的身子、白色的喙、白色的眼睛及白色的尾巴，它发出的叫声像是在呼唤自己的名字。它是一种吉鸟，人饲养它，不受流行疫病侵扰，故可以避除瘟疫。

獜

lìn

汪绂图本

獜为狗头狗尾，浑身长满鳞甲，正抬头大步行走。

依轱山中生活着一种野兽，名为獜，像普通的狗，却长着老虎的爪子，身上还布满鳞甲。它生性活泼，擅长跳跃腾扑，人如果吃了它的肉就能预防疯癫病。

蒋应镐图本

獜像狗，全身却布满了鳞片。

《禽虫典》

獜是一只腿部有鳞甲的狗形兽，它扬起长长的尾巴，立于山崖之上。

三足鳖

sān zú biē

山海经神怪异兽全画集 下卷

Legends of Mountains and Seas

丛山上有水从山顶发源，在水中栖息着很多
三足鳖，其尾巴分叉。传说三足鳖的名字叫能，
是大禹的父亲鲧所化。古人认为吃了三足鳖的肉
就会被毒死。但也说，这种尾部分叉的三足鳖却
是一种良药，吃了它的肉，可以预防疑心病。

《尔雅音图》
图中的三足鳖，其形体与常见的鳖很像，
尾巴分叉为三部分，正仰头观望。

猴

lí

　　毕山东面的乐马山上栖息着一种野兽，名为猴。它和一般的刺猬类似，全身毛皮赤红，犹如一团丹火。它是一种灾兽，在哪个国家出现，哪个国家就会有大瘟疫流行。

《禽虫典》
猴的外形类似刺猬，浑身火红，
奔跑的时候就像一团移动的火。

颉

xié

汪绂图本
汪本中的颉，全身多毛，体态矫捷，似要开始捕食。

　　颉是一种栖息在水中、皮毛为青色而形态像狗的动物，就是今天所说的水獭。它爱捕鱼，即使饱腹之后，它还会无休无止地捕杀鱼类，以此为乐。水獭十分聪明伶俐，经过一段时间的训练，就可以成为为渔民效劳的捕鱼能手。

狙如

jū rú

蒋应镐图本
狙如的外形与鼠类似，是一种灾兽。

　　倚帝山中有一种野兽，外形与鼠类似，但长着白色的耳朵和白色的嘴巴，名字叫狙如。它也是一种灾兽，在哪个国家出现，哪个国家就会烽烟四起，兵祸连连。

狙如

汪绂图本

狙如头像猴头，身体像鼠身，毛色深重，汪绂说它是"其皮可裘"的小兽。

《禽虫典》
狙如为一只白色小兽，坐在山崖上，扭头向下张望。

狍即

yí jí

汪绂图本
狍即样子像狗，口吐火焰，突出了其作为火兽的特征。

　　鲜山上栖息着一种野兽，它的名称是狍即。它体形高大、皮毛浓密、悍猛力大如西膜之犬，却长着红色的嘴巴、红色的眼睛，身后还有一条白色的尾巴。它也是一种灾兽，一旦出现，就会发生大火灾，也有人认为会发生兵乱。

蒋应镐图本
狰即形状体形高大、皮毛浓密，长着红色的嘴巴、
红色的眼睛，身后却有一条白色的尾巴。

《禽虫典》
狰即为一尖嘴小兽，拖着长长的白色尾巴，正顺着山坡而下。

梁渠

liáng qú

历石山的荆棘丛中栖息着一种野兽，名为梁渠，其外形和野猫类似，却长着白色的脑袋和如老虎般锋利的爪子。这又是一种灾兽，它出现在哪个国家，哪个国家就烽烟四起，百姓饱受兵戈之乱。

《禽虫典》
梁渠是一种灾兽，有着白色的脑袋和老虎的爪子。

鴲鵌

zhǐ tú

胡文焕图本
鴲鵌为一只大鸟，羽毛为白色，而头颈毛色较深，双足有力。

丑阳山上的树林中有一种禽鸟，其外形和一般的乌鸦类似，却长着红色的爪子，名字是鴲鵌，它是一种吉鸟，人饲养它可以避火。

駅餘

汪绂图本

駅餘翼大尾长，头白身黑，张开翅膀似乎要腾空飞起。

闻獜

wén lìn

凡山上有一种野兽，其模样和普通的猪相似，但身上的毛皮是黄色的，还长着白色的脑袋和白色的尾巴，名字叫闻獜。它也是一种灾兽，是大风出现的征兆，一旦出现就会带来狂风。

《禽虫典》
闻獜的外形与猪相似，毛皮是黄色的，长着白色的脑袋和白色的尾巴。

中次十二经

于儿

yú ér

神于兒

汪绂图本
将神于儿"身操两蛇"的描写理解为"手操两蛇"，
汪本中的于儿正双手各操一蛇，和其他图本不同。

　　神仙于儿是夫夫山的山神，又是山川一体神，他有人的身子，
但手上却握着两条蛇。他常常在长江的深渊中游玩，出没时身上发
出耀眼的光彩。传说于儿就是操蛇之神，他听说愚公要世世代代矢
志不移地移动太行山、王屋山时，就去禀告了天帝。天帝为愚公的
诚意所感动，就派了夸娥氏的两个儿子去背走了那两座大山，把一
座山放在朔东，把另一座山放到雍南。

干兒神圖

《神异典》
神于儿完全为人形，身缠两条蛇，稳稳地站立于波浪之上。

另外，于儿即俞儿，是登山神。传说齐桓公北伐孤竹国时，在离卑耳之溪不到十里的地方，忽然有一个身高一尺左右，穿戴整齐，但脱去右边衣袖的小人，骑着马，飞一般地奔驰过去了。桓公非常奇怪，就问管仲。管仲回答说，他可能是名叫俞儿的登山神，他有着人的形貌，身高却仅有一尺左右；执政的君主治国有方，国家繁荣时，他才显现。这位神人骑马在前方走，为人指路，他如果脱去衣袖，就表示前面有水，而脱去右边衣袖，则表明从右方涉水比较安全。当桓公一行到了卑耳之溪后，有水性好的人说，从左边涉水的话，水位达人的头顶；而从右边过水，则很安全。

同时山神于儿又是江河之神。作为山川一体神，最大的特点就是与蛇相伴，或操蛇，或戴蛇。蛇属水，属土，属阴，是江河之神、山川之神伟大神格的标志，是神沟通两个世界的巫具和助手。山神于儿就操两条蛇，一条蛇在上，在于儿身上绕了两圈，一头一尾从于儿的双手钻出；另一条蛇在下，蛇头在于儿的前身，蛇身在其腹部往上绕了两圈，蛇尾则缠在胸前。蛇成了许多神神性的重要标志，除了夫夫山的山神于儿，洞庭怪神也有操蛇、戴蛇的特征。人蛇关系是古代文化中一个常见的母题，人蛇的亲密关系，古人对蛇的信仰由来已久，人身缠蛇形象及蛇形、蛇纹图案大量出现在商周时期的器具上。

元代壁画《朝元图》（局部）
古人对蛇的信仰由来已久，有很多山神、水神以操蛇、践蛇或缠蛇的形象出现，如夫夫山的山神于儿就是操蛇之神。"蛇崇拜"一直延续到后世，道教星命家将日、月和金、木、水、火、土五星加上罗睺、计都、紫气、月孛，合称十一曜，其中的月孛星君就是头颈绕蛇的形象。月孛是月球距离地球最远的点。占星学上，月孛代表本能的想法或欲望、宿命的缘分及宿命的影响等。

娥皇和女英

é huáng hé nǚ yīng

汪绂图本

帝二女仿佛漫游于云端之上。关于帝二女的故
事，后来变成了湘君湘夫人的神话。

　　天帝的两个女儿住在洞庭山，她俩常在长江水的深渊中游玩。她们乘着澧水
和沅水吹来的清风，在幽清的潇水和湘水的渊潭上畅游，往返于九条江水之间。

　　这两位帝之女，就是帝尧的两个女儿娥皇和女英，帝尧把她们许配给了自
己选定的接班人舜。帝尧去世后，她们曾经帮助舜帝机智地摆脱了弟弟象的百般
迫害，助他成功地登上王位，事后还建议舜以德报怨，宽容和善待以前的那些死
敌。她们的美德因此被记录在册，受到民众的广泛称颂。

《神异典》
两个美丽的女子站在波光粼粼的水面上，突出了她们湘水之神的特征。

《离骚图·九歌》
此图为湘君湘夫人图，两人的爱情故事广为流传。

蚔

guǐ

汪绂图本
有人认为，蚔的外形像老鼠一样。

　　即公山里有一种野兽，名为蚔，外形如普通的乌龟，但身子是白色的，脑袋是红色的。它是一种吉兽，人如果饲养它，就不会遭受火灾。

蒋应镐图本
蚆形状像乌龟。

洞庭山山系诸山神

山海经神怪异兽全画集 下卷

Legends of Mountains and Seas

　　洞庭山山系，自篇遇山起到荣余山止，一共十五座山，绵延两千八百里。诸山山神都有鸟的身子、龙的脑袋。祭祀山神的礼仪是：宰杀一只公鸡、一头母猪做祭品，祀神用的米用精选的稻米。

　　夫夫山、即公山、尧山、阳帝山，都是诸山的宗主，祭祀这几座山的山神时都要陈列牲畜、玉器，而后将它们埋入地下，并用美酒献祭，选用猪、羊二牲，即用少牢之礼祭祀，祀神的玉器要用吉玉。洞庭山、荣余山是神灵显应之山，祭祀这二位山神也都要陈列牲畜、玉器而后埋入地下，并用美酒献祭，但所陈列的牲畜是猪、牛、羊，即用太牢之礼献祭，祀神的玉器要用十五块精美的玉珪、十五块精美的玉璧，并用青、黄、赤、白、黑五种色彩绘饰它们。

汪绂图本

中央第十二列山系的山神皆为鸟身龙首。汪本中的此神正
伸展双翅，龙首向天，非常威风。

山海经神怪异兽全画集

Legends of Mountains and Seas

—第六卷—

海外南经

《海外南经》中出现了结匈国、羽民国、讙头国、厌火国、三苗国、载国、贯胸国、交胫国、歧舌国、三首国、周饶国、长臂国等国，这些国家风土人情各异，比如说：贯胸国国民胸前有洞，羽民国国民浑身长满了羽毛，三首国国民有一个身子、三个脑袋，长臂国国民擅长捕鱼，等等。本卷除了对人物的介绍，还对一些历史人物和神话传说进行了记载。

海外南经 · 132

海外南经

蒋应镐图本　灭蒙鸟周边

自《海外经》开始，经中具体山脉出现较少，故蒋应镐中的山脉方位图也相应减少，但仍保留以国家、神、兽为据点的方位图。结匈国人前胸皆突起一大块。羽民国人都身披羽毛，背生双翅。讙头国人都是半人半鸟的模样。厌火国人样子像猴，口能吐火。载国人擅长操弓射蛇。贯胸国人的胸膛都有个贯穿前胸到后背的大洞。

结匈国人

jié xiōng guó rén

山海经神怪异兽全画集 下卷

Legends of Mountains and Seas

蒋应镐图本

结匈国人有凸起的胸脯。

结匈国位于灭蒙鸟的西南，结匈国的人都
长着凸出的胸脯，就像男人的喉结一样。

比翼鸟

bǐ yì niǎo

胡文焕图本

只有两只比翼鸟连在一起时才能够飞翔，这也正是成语"比翼双飞"的来源。

比翼鸟有着青色、红色间杂的羽毛，颜色非常亮丽，但是它们身上只有一个翅膀和一只眼睛，所以不能单独飞翔，只有雌雄两只鸟的翅膀配合起来才能飞上天空。比翼鸟常用来形容夫妻恩爱。

除了夫妻恩爱之外，比翼鸟还有其他的象征意义。一方面，因为它周身洁白，所以如果比翼鸟出现的话，则象征着当时统治者实行王道和仁政，黎民安定，所以这是王者有道的象征，具有吉祥的寓意。另一方面，比翼鸟还象征着亲友和善，有亲友之间共同进步、和睦相处、团结互助的意义。总之，比翼鸟的象征意义全都是吉祥的，表现了人们对幸福美好的生活的向往和追求。

著名的华语歌星邓丽君也曾经唱过一首《比翼鸟》，让恋爱中的人深受感动。她这样唱道："白云飘飘，人海多么渺茫，想找个比翼鸟。"唱尽了人们对忠贞爱情的渴望。

羽民国人

yǔ mín guó rén

羽民国位于灭蒙鸟的东南面，羽民国的人都长着长长的脑袋和脸颊，全身布满羽毛。羽民国的人还长着白色的头发、红色的眼睛，甚至还有鸟的尖喙，背上有一对翅膀，却飞得很低。古人认为他们和禽鸟一样，都是从蛋壳当中孵化出来的，他们可以超越生死，飞升仙境的。

人们常常将羽毛和神仙联系在一起。学道的人认为，人在修道的过程中，最先修炼的是长生不老，达到这个境界之后继续修行，最终羽化成仙。人们对羽毛的热爱寄托人们对神仙之境的向往，人们对羽国人的描述表现出古代先民对仙人的向往。

在第十五卷《大荒南经》中也出现过羽民国，与这处基本没有差异。

蒋应镐图本

羽民国的人都长着长长的翅膀，是卵生的。

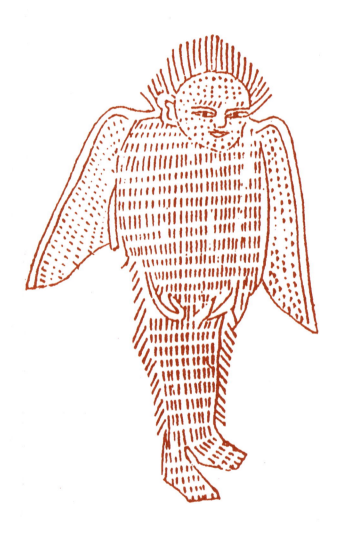

吴任臣近文堂图本

羽民国的人身上都长着翅膀，能飞，但是飞不远。

萧云从图本

图中表现的是羽人在不死之乡的情景，其飘逸升天
之态正是众多道家修行者所追求的终极目标。

二八神

èr bā shén

　　有一位叫作二八的神人，他的手臂连在一起，在旷野中为天帝守夜。二八神人在白天的时候是隐身的，只有晚上才现身，人们见到他也不觉得奇怪和害怕，所以他就是夜游神。

　　二八神人居住在羽民国东面，人们都有着很小的脸颊和赤红的肩膀，总共有十六个人。

　　所谓"二八连臂"，也许是托祭祀之名，行欢舞之状。古时候很多少年弟子在夜晚的时候，聚集在街头巷尾和自己的心上人幽会，将情感寄托在舞蹈和音乐当中，表现了当时社会发展的一个面貌。

讙头人

huān tóu rén

汪绂图本

讙头国人右手举鱼，造型夸张。

　　讙头人有着人的面孔，还有两只翅膀，但是他们却不能飞行，只能把翅膀当作拐杖使用，每日拄着翅膀前行。他们长着鸟嘴，可以用嘴巴直接捕食鱼虾。除此之外，他们还用黑黍等谷物来充饥。

　　他们被古人认为是丹朱国人。丹朱是尧帝的儿子，为人凶狠且顽固，所以尧把天下就让给了舜，将丹朱放逐到南方。丹朱不满意，就意图谋反，最终失败，投海而死，他的灵魂化为鹢鸟。所以讙头人被认为是丹朱的后裔。

吴任臣图本

讙头国人长着鸟嘴，可以用嘴巴直接捕食鱼虾。

贵州苗族绣绘

讙头人被认为是三苗的祖先，这幅贵州苗族绣绘中的讙头神祖就生有一双鸟翼。

厌火国人

yàn huǒ guó rén

　　厌火国在灭蒙鸟的南面，厌火国的人外形很像猿猴，浑身都是黑色的毛发，他们以火炭为食，所以嘴里都可以吐火。

　　和厌火国人生活在一起的有一种食火兽，这种兽的外形像狗，能够吞食火，并且排出带火的粪便，所以它每走到一处，就会起火，人们将它看作是火灾之兆或极为不祥的象征。

蒋应镐图本

厌火兽能口吐火。

汪绂图本

厌火国人像猴，口能喷火。

在中国的川剧艺术当中，吐火也是一项非常神秘的绝技，表演现场总是令人惊心动魄，因此驰名中外。演员在表演的过程中，其实是在嘴里包上煤油，然后吐到面前的导火索上，而观众通常都看不到演员隐藏的这些道具，只看到演员突然上下翻腾，从口中吐出火，实在惊险刺激。

在中国的古典名著《西游记》当中，也有一个口鼻会喷火的人物形象——红孩儿。红孩儿是牛魔王和铁扇公主的孩子，虽然已有三百多岁的年龄，却有着孩童的身体，号称"圣婴大王"。他的本领可以说是非常强

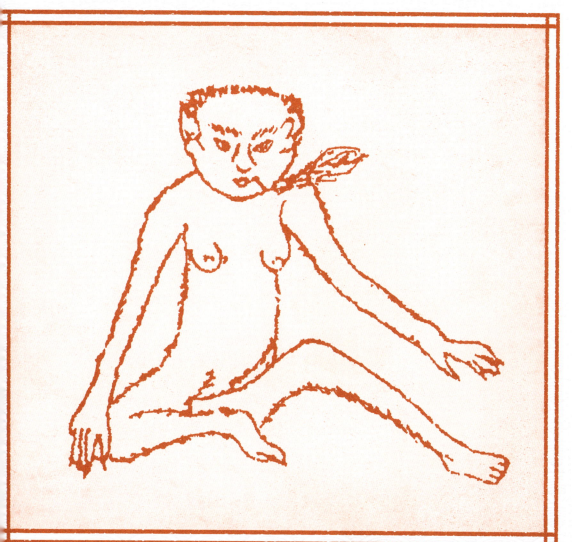

《禽虫典》

厌火兽胸前生有双乳，形象与人更加接近。

大的，口能吐火鼻能喷烟，方圆几百里内的山神土地都是他的杂役，动不动就被他抓来烧火顶门、提铃喝号。

不过，要说到不怕火的人，要数我国境内的克木人，不论是大人还是小孩都不怕火，他们敢用舌尖去舔烧得通红的木炭铁板，用烧红的铁板或木炭在自己的皮肤上来回磨蹭而不留下任何烫伤的痕迹。他们才真的像厌火国的后人呢。

《边裔典》

厌火国人全身长满毛发，手指和脚趾尖锐像野兽，
上身直立，行走起来却与人无异。

sān miáo guó rén

　　三苗国位于赤水的东面，三苗国的人是一个跟着一个行走，那里的人都是亦步亦趋的样子。在现代汉语当中，"亦步亦趋"是一个贬义的成语，意思是：你慢走我也慢走，你快走我也快走，你跑我也跑，形容那些由于缺乏主张或为了讨好，事事模仿或追随别人的人。

　　在历史上，曾有伐三苗之战。在尧舜禹时期，华夏部落联盟与苗蛮部落联盟为了争夺中原地区而发生了一场战争，战争持续数十年，与战争相伴的是文化的碰撞。战争结束后，华夏部落联盟在中原取得优势，华夏部落联盟与苗蛮部落联盟在血统、文化上进一步融合。伐三苗之战对中华民族的形成具有重要意义。

截国人

zhí guó rén

截国在灭蒙鸟的东面，截国人都是黄色皮肤，能手拿弓箭射死蛇，箭法高超。

截国人是舜帝的后裔。截国人的生活衣食无忧、始终安乐，他们不用纺织也可以有衣服穿；不用耕种也可以有粮食吃。在这里还有鸾鸟歌唱、凤凰飞舞、百兽群聚，和平相处，非常和谐。可以说截国就是古代先民心目中的世外桃源。在第十五卷《大荒南经》当中也有对截国人的记载。

蒋应镐图本

戠国人善于射箭，能射死蛇。

贯胸国人

guàn xiōng guó rén

贯胸国在灭蒙鸟的东面，贯胸国的人胸前都有一个大洞。他们在大自然中长期受到各种残酷的折磨，所以有着惊人的忍耐力和爆发力。即便是在战斗中流血，伤口也具有自动愈合的能力。

贯胸国的人是山神防风氏的后裔。大禹治水的时候，曾经在会稽山召集天下诸神，但是山神防风氏没有按时赶到。禹为了在众神当中树立威信，杀掉了防风氏。后来，禹乘坐龙车巡游四方的时候，防风氏的后裔就准备射杀禹为祖先报仇。但

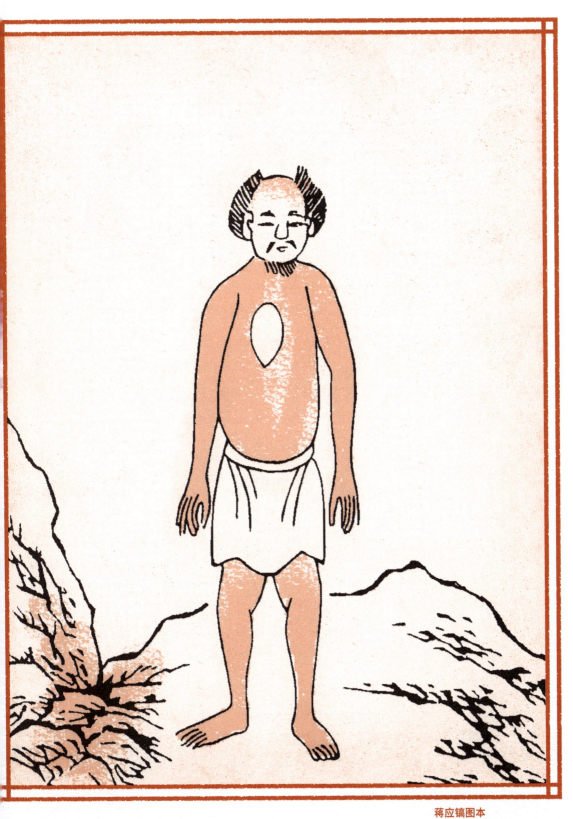

蒋应镐图本
贯胸国的人胸口有一个大洞。

是在射杀的过程中，雷声大作，二龙驾着禹的车飞腾而去。防风氏的后裔这才意识到自己闯祸了，于是就用尖刀刺穿心脏而死。禹知道后，感念他的忠义和耿直，赐予他不死草，使他死而复生。他胸口的大洞却留了下来，一直传给他的后代，就形成了贯胸国。

"贯胸"就这样成了中国古代历史中一种特殊的文化现象，一直被人津津乐道。东汉的高诱在《淮南子注》中写道，穿胸民"胸前穿孔达背"。元代周致中的《异域志》记载："穿胸国，在盛海东，胸有窍。尊者去衣，令卑者以竹木贯胸抬之。"说当时贯胸国的富人在出门的时候不用坐轿子，而是把上衣脱掉，用一根竹杠或木头穿过胸部，就可以抬走。

如今，在我国的南部和东南亚的一些国家中也仍然保留着一些和"穿胸"有关的宗教活动。在广泛流传的"游神"的祭祀活动当中，祭司为了显示他们自己的法术，用铁条等利器穿颊、舌、耳、掌、肚等部位，在仪式结束之后不留痕迹。还有的地区人们会用铁杵代替铁条，六七人扛着，铁杵头部连着一根较长的粗且锋利的铁针，用这样的方式来证明自己的巫术，实在骇人。这明显都是"贯胸"遗留下的习俗。当然，这些地区的人们不可能真正穿透自己的胸膛，多是在颊、舌、掌、肚等部位穿孔，以示象征。

交胫国人

jiāo jìng guó rén

毕沅图本

交胫国的人与普通人差不多，只有
双腿是交叉的。

交胫国也在灭蒙鸟的东面，交胫国的人总是交叉着双
腿，即便是走路的时候也是这样。他们的个子都不高，只有
四尺左右，身上有毛，但是足骨没有骨节，因此双腿能够交
叉。他们走路的时候需要特别小心，因为一旦摔倒就只能趴
在地上，直到有人搀扶才能够站起来。

不死民

bù sǐ mín

　　不死民都长着黑色的皮肤，个个长寿，人人不死。

　　不死民居住在员丘山旁边，这座山上有不死树，吃了这种树的果实就可以长生不老。山下还有一眼泉水，名字叫赤泉，喝了泉水之后也能够长生不死。正是因为有了这两样东西，不死民才可以真正做到长生不死，他们根本就不知道什么是死亡。

萧云从图本

图中所绘即为云蒸霞蔚中身披树叶、手握青枝的长寿之人，
其俊逸的神情，给人超脱生死之感。

歧舌国人

qí shé guó rén

蒋应镐图本
歧舌国的人舌头都是反的，因此
有自己的语言系统。

　　歧舌国在员丘山的东面，那里的人都是舌根
在前，舌尖伸向喉部。因为他们的舌头有这种特
殊的构造，所以他们有一套自己的语言系统，别
国的人都是听不懂的，只有他们自己能懂。

三首国人

sān shǒu guó rén

汪绂图本
三首国人端坐在地上，正面头左右两侧又各长出一个头来。

三首国也在灭蒙鸟的东边，三首国人都是一个身子三个头。他们三个头上的五官都是相通的，所以呼吸的时候，一口气会同时从六个鼻孔中进出；一个脑袋上的眼睛看到的东西，其他两双眼睛也能看见；一张嘴吃了东西，另外两张嘴就不吃了。

周饶国人

zhōu ráo guó rén

　　周饶国在灭蒙鸟的东面，周饶国的人都是身材矮小的，但是他们戴帽子系腰带，穿着非常整齐讲究，各个都显得文质彬彬。他们住在山洞中，非常聪明，能够制造各种精巧的器物，还会耕田种地。

　　在第十五卷《大荒东经》当中出现的焦侥国，其实就是周饶国。

蒋应镐图本

周饶国人身材非常矮小，一身官员打扮，显得足智多谋，不似异人，更像今人。

长臂国人

cháng bì guó rén

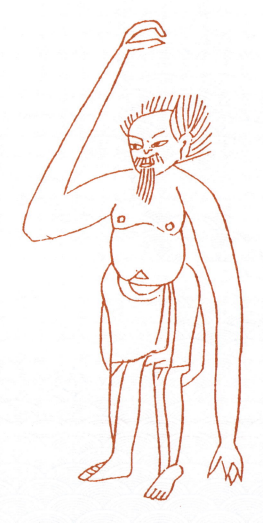

长臂国的人有三丈长的手臂，手臂比身体还要长出一大截，所以他们去水中捕鱼的时候，完全不用弯腰，只要两只手在水中一捞，就可以抓着一条鱼。

吴任臣近文堂图本
图中的长臂国人像壮士，右手举高，左手下垂到地面。

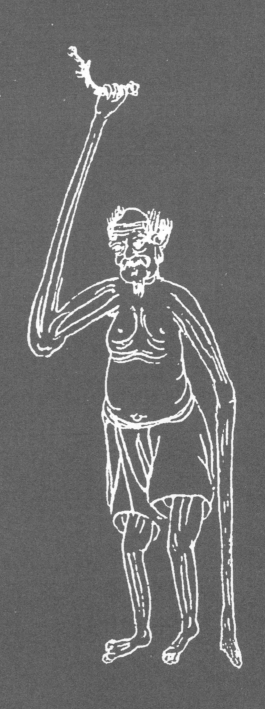

汪绂图本

图中的长臂国人瘦弱年迈，手中自然下垂。

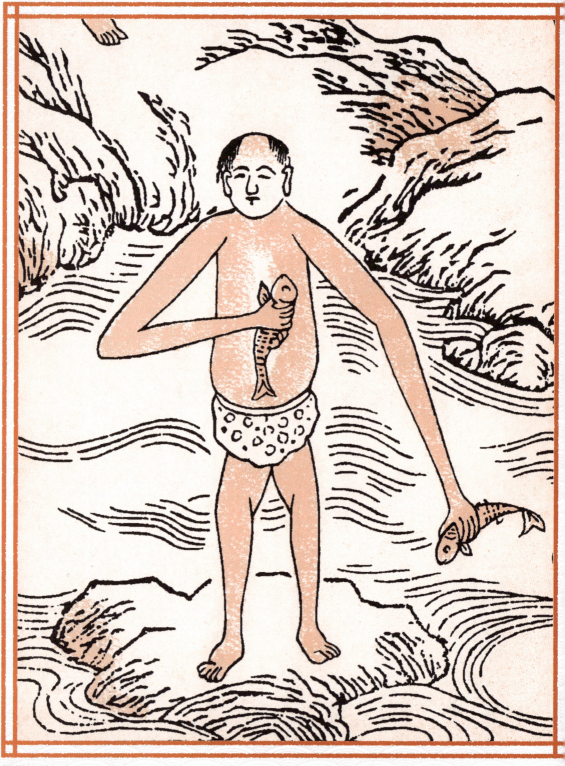

蒋应镐图本

长臂国人只要伸手，就能够抓到鱼。

视肉

shì ròu

　　视肉是太岁的神格。太岁运行到哪里，相应的方位下就会出现一块肉状物，所以它是太岁星的化身。如果在这上面动土，会惊动太岁，所以中国俗语有"不得在太岁头上动土"。视肉生长在狄山中。

　　其实视肉就是肉灵芝，是黏菌复合体，属菌科生物，自然界中极少。秦始皇派徐福寻找让人长生不老的仙药，徐福最终找到了肉灵芝。肉灵芝的生命非常顽强，渴不死、饿不死、淹不死、晒不死、煮不死。其颜色随着培养液的改变而改变，呈白色、灰色、褐色、棕色、黑色等，最神奇的是它还具有自身修复的功能，即便割下一块肉，过几天也能够长好如初。

祝融 zhù róng

　　南方的祝融神，长着野兽的身子、人的面孔，乘着两条龙。祝融是炎帝的第五代来孙，是掌管火的官员。当时人们普遍不会使用火，但祝融却从小就和火非常亲近，于是就成了一个管理火的官员。他能够利用火进行各种活动，还发明了取火的方法。之后，祝融就成为火神。火不仅被应用在生活当中，也被应用于战争当中。人们习惯把火灾称为"祝融之患"，也是因为祝融的名声太大了。

汪绂图本

祝融，人面兽身，出入乘坐两条龙。

蒋应镐图本

祝融人身兽爪，裹着围腰，左右手臂处各喷出一串火焰，以示其火神神格。

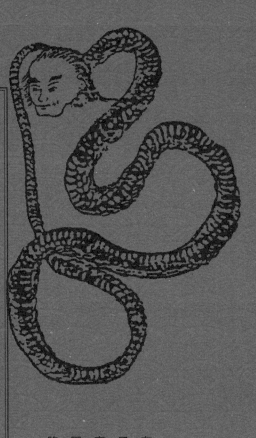

山海经神怪异兽全画集 一第七卷一

Legends of Mountains and Seas

海外西经

《海外西经》是指从西南到西北的国家和地区，共有三身国、一臂国、奇肱国、丈夫国、巫咸国、女子国、轩辕国、白民国、肃慎国、长股国等十个国家，这十个国家的人长相怪异无比。比如说，三身国的人有一个脑袋三个身子，奇肱国的人长着一条胳膊和三只眼睛。

海外西经 · 172

海外西经

蒋应镐图本　三身国周边

《海外西经》从海外的西南开
始，到海外的西北为止，包括
今天的青海、甘肃、陕西等地，
也就是西北地区。这里山势险
峻，地形复杂。其中大运山是
一座很高的山，它在灭蒙鸟的
北边，周边有三身国、夏后启、
一臂国、奇肱国等。穷山在轩
辕国的北边，周边有女子国、
巫咸国等。

灭蒙鸟

miè méng niǎo

　　灭蒙鸟生活在结匈国的北面，身上长着青色的羽毛，后面还拖着红色的尾巴。色彩鲜艳，十分美丽。灭蒙鸟就是孟鸟。

　　帝颛顼有个孙女，名叫女修。女修在织布时，有一只玄鸟产了个卵，女修吃下卵后，生了个儿子，起名叫大业。大业又娶少典的女儿少华为妻，生了大费。大费生两个孩子，一个叫大廉，便是鸟俗氏；另一个叫若木，便是费氏。大廉的玄孙叫孟戏、仲衍，他们都长得像鸟，但会说人的语言。他们都是灭蒙鸟的后代。

xià hòu qǐ

夏后启就是大禹的儿子启，他是夏代的君主。大禹为了治水，直到三十岁也没有结婚，后来他治水途经涂山，看到一只九尾狐从山中跑了出来，想起了涂山当地流传着一首歌谣：谁见到了九尾狐，谁就可以为王；谁娶了涂山的女子，谁的家道就会兴旺。于是禹便决心娶一个涂山的女子为妻。当时涂山部落的首领有一个女儿，名叫女娇，举止文雅，仪容秀美，大禹在会见涂山部落首领时偶然看见了她，彼此一见倾心，便在一个叫桑台的地方结了婚。

后来禹因为要去四方治水，便离开了女娇，把她安顿在都城安邑，后来去了太室山。大禹治水期间，三过家门而不入。女娇背井离乡，丈夫又不在身边，有思念之苦在所难免。于是在禹偶尔回家的时候，她就坚决要求跟随丈夫一起出发，禹只好勉强答应了。

当时正值禹到轩辕山治水，大禹要把这座山打通，将河水引向东面。这是一个浩大的工程，为了给丈夫更好地补充体力，女娇便决定单独为大禹做饭，然后亲自给他送去。大禹答应了，他在轩辕山的山崖下架设了一面鼓，和妻子约定，如果他敲鼓三声便是要女娇上山送饭的信号。

女娇回去做饭之后，大禹便摇身一变，成为一只毛茸茸的大黑熊，用尽自己的力气带领百姓凿山开道。但就在禹奋力工作之时，他的爪子不小心刨起了三颗小石子，不偏不倚正好打在山崖下的鼓上，而忘我工作的禹对此毫无察觉。女娇听到鼓声后急急忙忙赶来送饭，正好看到自己的丈夫所化的黑熊在拼命地刨石块，她万万没有想到自己的丈夫竟是一头粗莽的黑熊，又是吃惊，又是羞愧，不由得大叫一声，扔下了装饭的篮子，转身逃走。

禹听见妻子叫喊，才停止了手头紧要的工作，在后面追赶过来。两人你追我赶一直跑到了嵩高山下，这时候女娇已经精疲力竭，倒在路边变成了一块大石头。后面追上来的禹又急又气，大声喊道："还我儿子！"听到叫喊，大石便向着北方裂开，从中出现一个小孩，禹

蒋应镐图本

禹是中国古代传说中三皇五帝中的一员，夏后启即禹的儿子，是传说中夏代的君主。他是神性英雄，正驾着两龙飞翔于云蒸霞蔚的天空中。

山海经神怪异兽全画集 下卷

Legends of Mountains and Seas

便给他起名叫启。启就是开裂的意思，故启又名开。在父亲治水的岁月中，启渐渐长大了。

禹治水成功后，被人们推举为舜的接班人。不久舜就禅位给了大禹，而自己去四方巡游。舜去世后禹正式成为部落联盟首领，他兢兢业业，将天下治理得井井有条。

在大禹晚年的时候，他准备效仿尧、舜，由人们推举一个贤能的人来接替自己。最初，人们推举舜在位时就掌管刑法的皋陶，但是没等接任，皋陶就病死了。后来经过商议，又一致推举伯益做大禹的继承人。伯益在治水时是大禹的一名主要助手，他发明了一种凿井的新方法，还擅长畜牧和狩猎，曾教会人们用火烧的办法来驱赶林中的野兽。所以在当时人们的心目中，伯益是一位仅次于大禹的英雄。

随着大禹王位的巩固，他越来越觉得自己好不容易得来的王权应该由自己的儿子来接管。于是他暗中锻炼自己的儿子，让启参与治理国事，只给伯益一个继承人的名义而无实权。过了几年，启把国事处理得很好，在人们心目中的地位也高了起来。而伯益作为继承人却没有新的政绩，他过去的功劳，人们也渐渐淡忘了。

大禹去世后，启事实上执掌了王权，而多数部族的首领也都表示效忠于启。伯益看到事情成了这个样子，十分恼怒。他本是东夷人，便召集东夷部族率军向启部进攻。而启却早有防备，他从容应战，经过一番较量后，终于将伯益的军队打败。启为了庆祝胜利，在钧台举行了大规模的宴会，公开宣布自己是夏朝第二代国君。从此，父亡子继的家天下制度便取代了任人唯贤的公天下制度。

尽管启打败了伯益，但许多部族对他改变禅让传统的做法表示强烈反对。有一个部族首领有扈氏就站出来公开反对夏启的做法，要求他按照部落会议的决定还位于伯益。于是，夏启就和有扈氏在甘泽发生了战斗。结果有扈氏被打败，其部落的成员成为奴隶。从此，夏启的王位日益巩固，再也没人起来反对他了。

大禹是天神鲧的儿子，具有超人的神力，因此他的儿子启也具有神性。曾三次驾龙上天，到天帝那里做客，曾把天宫的乐章《九辩》和《九歌》记下，在大运山北的大遗之野演奏，这便是乐舞《九招》《九代》。大遗之野便是夏启观看《九代》乐舞的地方。他乘着两条巨龙，飞腾在三重云雾之上。他左手握着一把用羽毛做的华盖，右手拿着一只玉环，腰间还佩挂着一块玉璜，正在专心致志地欣赏乐舞。

第十六卷《大荒西经》中出现的夏后开，和这里的夏后启是同一个人。

三身国人

sān shēn guó rén

三身國

汪绂图本
三身国民有三身和三手。

　　三身国在夏后启所在之地的北边，三身国的人都长着一个脑袋三个身子。他们都姓姚，以黍为食，身边有四只鸟陪伴。这些人都是帝俊的后代。当年帝俊的妻子娥皇所生的孩子就是一首三身，他们的后代繁衍生息，渐渐地形成了三身国。

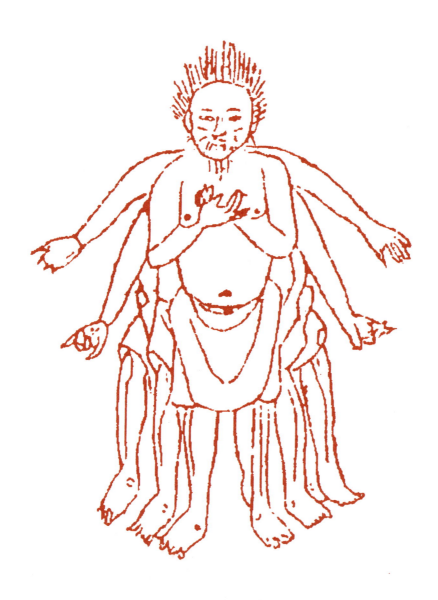

郝懿行图本

三身国人为一首三身六手六足，正面之手举于胸前，
侧面四手向左右平举，六足同时着地作站立状。

蒋应镐图本

三身国人一头三身六首六足，正面的手高举过
头，侧面的手分别抱拳，六足都着地作站立状。

一臂国人

yī bì guó rén

　　一臂国的人都长着一条胳膊、一条腿，在脸的正中长着一只眼睛、一条眉毛、一个鼻孔、一张嘴。也就是说，他们只有普通人一半的身体，又叫比肩民或半体人。他们只有像比目鱼、比翼鸟一样，两两并肩连在一起才能正常行走。

　　这个地方有一种黄色的马，毛皮上长着虎纹。和这里的人一样，这些马也都只长着一只眼睛和一个前蹄，是一臂国人的坐骑。

蒋应镐图本

一臂国人赤足，围着短围腰，骑在长有虎纹的黄马上。

奇肱国人

qí gōng guó rén

奇肱国位于一臂国的北边。该国的人都只有一条胳膊，却有三只眼睛，眼睛有阴有阳，阴眼在上而阳眼在下，阳眼用于白天，阴眼用于夜间，所以他们在夜间也能正常工作。

他们平时出门常骑着一种名叫吉量的神马，这种吉量马又叫吉黄，毛皮为白色，有斑斓的花纹，马鬃为赤红色，双目金光闪闪，据说骑上吉量的人可活到千岁。

蒋应镐图本

奇肱国人，一臂三目，正骑在吉量马之上，突出了他的神性品格。

奇肱国的人只有一条胳臂，远不如其他人灵便，所以十分珍惜时间，就算夜间也继续工作而不休息。虽然只有一条胳膊，但他们以擅长制造各种灵巧的机械而闻名于世。在当地生活着一种鸟，长着两个脑袋，身上羽毛红黄相间。奇肱国人就用巧手做出各种捕鸟的小器具，以捕杀它们。

另外他们能制造飞车，这种飞车造型奇特，做工精致，能顺风远行。传说商汤时期，奇肱国的人曾乘坐飞车顺风飞行，突然一阵猛烈的西风刮来，把他们的飞车连同人一起吹到了豫州一带，汤王于是派将士砸坏了他们的车，使他们不能回去。毁坏的飞车也被他们藏起来，不让当地百姓看见。但是，这些都难不倒奇肱国人。他们在豫州定居休整，等待时机。十年之后，刮起了东风，他们便又造了一辆飞车，然后乘坐飞车顺着东风飞了回去。

大禹考察水情时曾到过奇肱国，亲眼见过奇肱国人制造飞车的情景。当时，大禹凿通方山，穿过三身国继续西行。一日，远处空中突然出现了一种酷似飞鸟的车子，同行的伯益道："这是个什么东西？我们跟过去看个究竟吧。"大家赞成。于是郭支口中发出号令，大家骑乘的两条巨龙连忙掉转方向，径直跟随那飞车前行。走不多时，那随飞车渐渐降落。禹等人一看，那是个繁盛之地，楼舍街市，接连不断，无数飞车停在一起。沿途所见人民，都只有一只手，而眼睛却有三只，一只在上，两只在下，成品字形。又遇到几个同样面貌之人，各骑着一匹浑身雪白朱鬣金目的文马。伯益认识，就指给文命看，道："从前在犬封国看见过种吉量马，骑了之后人可以活到千岁，难道此地之人都是长生不死的吗？"

在路旁树林之内，众人遇见两个猎户，他们在林中埋设机关，有三只野兽已经跌入陷阱之内。那二人将三只野兽逐个捉出捆缚，扛在肩上，虽然两人只有两条胳臂，但丝毫不觉得吃力费事。大禹等忙赶上前去问他们："请问贵国何名？"那猎户道："叫奇肱国。诸位远方来的客人，是要打听敝国情况吗？从此地走几十步，有一间朝南旧屋，屋中有一折臂老者，

奇肱國

汪绂图本

奇肱国人，坐在自制的二轮飞车上，手中握着方旗，体现
了奇肱国人善为机巧的特点。

请诸位去问他吧。"说着，猎户扛着野兽径自而去。大禹等依他所言走到旧屋，果然见一老者独坐其中。只见他先站起来问道："诸位可是中华人吗？不知诸位到此是做何种贸易，还是为游历而来？"大禹道："都不是，都不是。只因看见贵国飞车精妙，特来探访个究竟。"那老者道："既然如此，待老夫指引诸位去参观吧。"说着，站起身来，往外先行，大禹等跟在后面。

行至一里之外，只见地上停着不少飞车。这时正巧见到有二人坐在车中，只见他们用手指猛地一扳，顷刻间听得机声轰隆作响，车身已渐渐上升，升到七八丈的高空，而后改为平行，径直向前方飞去，非常平稳。大禹等走到车旁，仔细观察那辆车，车身都是用柴荆柳棘编成，里外四周有无数轮齿，大大小小，不计其数。每辆车上仅可容二人，长宽不到一丈。

座位前面插着一根长木，那老者指点道："这飞车虽然能自己升降行动，但如得风力相助，更会如虎添翼呀。"随后便一一介绍起车内设施及其用途："这根长木就是有风的时候用来挂帆布的。"又指着车内一个机关说道："扳着这个机关，车就能升到高空。"又指着另一个机关道："要降落到地面上，便扳着这个机关。"又指着两个机关道："这是使车前进的，这是使车后退的。"另外，在车的前端有一块突出的圆形木板，老者介绍说："这是控制转向的，如同船上的舵一样。"大禹等且听且看，心中暗暗佩服他们技术之妙，工艺之精。那老者看罢继续说道："敝国之人为天所限，只有一臂，做起事来万万不如他国人灵便，所以不能不珍惜光阴，加倍努力工作。乘坐飞车是为了去较远之地节省时间，并非贪图安逸。"随后又道："敝国人三眼分为阴阳，在上的是阴眼，在下的是阳眼。阳眼用于日间，阴眼用于夜间，所以敝国人夜间也能工作，无须用火，这是敝国人的长处。"

山海经神怪异兽全画集 下卷

Legends of Mountains and Seas

刑天

xíng tiān

吴任臣康熙图本

刑天以乳为目，以脐为口，满面笑容，双手挥舞干戚。

刑天本是炎帝的臣子，为了与黄帝争夺神位，展开了一场厮杀，结果刑天失败，被黄帝砍断了脑袋，成了“断头将军”，黄帝把刑天的头埋在常羊山。虽然刑天失去了头颅，但他并没有死，也没有屈服，他以双乳为目，以肚脐为口，一手操持盾牌，一手舞动巨斧，欲与黄帝再决胜负。

此后，他成了一位无头天神，以身体为脸，双乳为目，肚脐为口，有络腮胡须，面带笑容，被称为“刑天”，刑天就是断首的意思。这一形象被古代一种叫作“干戚”的舞蹈吸收，“干”就是盾，“戚”就是长斧，实际上就是模仿刑天，体现出一种不屈不挠的战神精神。

吴任臣近文堂图本
刑天被砍掉脑袋后，并没有死，也没有屈服，
而是继续战斗。

陶渊明读过《山海经》之后，写下"刑天舞干戚，猛志固长在"，用这样的语言来赞誉刑天。

西方中世纪地图里，有着与《山海经》相似的奇诡形象，那些摇头晃脑的异形人或重口味怪兽，仿佛刚从《山海经》里走出来一样。成书于1000年的古英语志怪集《东方奇谭》中也有对类似刑天这样的无头人的描述。无头人"不莱梅"生来没有头，眼睛和嘴长在胸前。

《神异典》

刑天立于水边，威猛异常。

鴜鸟和鶙鸟

cì niǎo hé dǎn niǎo

　　鴜鸟和鶙鸟的羽毛青中带黄，虽然长得小巧可爱，但它们飞经的国家都会败亡，是不祥之鸟。鴜鸟和鶙鸟栖息在女巫祭的北面。鶙鸟长着人的面孔，立在山上。古人也将这两种鸟统称维鸟，是青色鸟、黄色鸟的混称。

丈夫国人

zhàng fu guó rén

蒋应镐图本

丈夫国国民，佩剑，一身明代士人的打扮，双手作揖，作问候状。

　　丈夫国的人都衣冠楚楚，身佩宝剑，颇有英雄气概。这里的国民全是男子，没有女人。

　　那没有女人，他们是怎么来的呢？传说殷帝太戊曾派王孟等一行人到西王母所住的地方寻求长生不死药，他们走到那儿断了粮，不能再往前走了，只好滞留此地，以野果为食，以树皮做衣。由于随行人员中没有女人，所以人人终身无妻。他们每人都从自己的身体中分离出两个儿子，或是从背部的肋骨之间分离出来，所以儿子一生下来，本人便立即死去。从此以后这些人和他们的儿子在这里生根繁衍，久而久之便形成了丈夫国。

蒋应镐图本 丈夫国一带

丈夫国内全是男人，没有女子，
那个衣冠楚楚的佩剑者便是丈
夫国人。往北是巫咸国，双头
蛇并封就栖息在其东面。女子
国中的两个女子正在水中洗浴。
轩辕国皆人面蛇身，尾交于头
上。白民国内生活着一种叫乘
黄的长尾兽。肃慎国人没有衣
服，平日身披猪皮，那个腰围
树叶的便是肃慎国人。

女丑尸

nǚ chǒu shī

女丑尸

在丈夫国的北面，横躺着一具女丑的尸体，她是被十个太阳烤死的。尸体横卧在山顶上，死的时候十个太阳高高悬挂在天上，炙烤着大地。女丑是古代一位女巫的名字，她虽然死了，但其灵魂仍然存在，常常存于活人身上，供人祭祀。

汪绂图本

画面中的女丑被天上的十个太阳炙烤着，忍不住遮住自己的脸颊。

wū xián guó rén

巫咸国是一个由巫师组成的国家，最为出名的有巫咸、巫即、巫彭、巫姑、巫礼、巫抵、巫罗等十个巫师。巫咸国的人右手握青蛇，左手握红蛇，他们常常从登葆山上到天庭，把人民的意愿传达给天帝，随后又从那里下来向人民转达天帝的意旨。登葆山就是巫师们往来于天上与人间的通道。他们还会在沿途顺道采集一些名贵的仙药，替民间百姓治病。

在日本著名的妖怪绘师鸟山石燕的《今昔百鬼拾遗》中介绍巫咸国，每个人都会使用巫术，其中有一个巫师叫蛇五右卫门，他的妻子正是蛇骨婆。南方熊楠在著作《十二支考》中写到之所以这对夫妇都手缠大蛇，是因为这种做法是民间为百姓驱除蛇毒的一种巫术表演。但是近年来一些妖怪研究者和民俗家又认为，蛇五右卫门曾是一个法力无边的蛇妖，后来被制服封印在了蛇冢里，而蛇骨婆是负责看守封印的人。在一些其他图片文献中，蛇骨婆的形象有时候也是手拿两只蛇的。

巫咸国是一个人间天堂，据《山海经》记载，巫咸国首领乃是帝舜之子无淫，此地百姓姓肦（bān），"其人黄色"，能"操弓射蛇"。奇怪的是，他们不耕作不纺织，却衣食有余；不狩猎，却肉食不缺。山谷中满是茂密的森林，鸟兽成群结队，人们载歌载舞。

学者任乃强认为，这很可能是一个靠盐而兴的古老部落，给巫咸国带来活力的并非耕地，而是盐。巫咸国人发现，在一座宝源山上，白花花的盐竟然从地下漫了上来，这种地下食盐岩层溶化于水，地面的盐称为泉盐，这种盐只有在中国的大西南地区才出产。巫咸国的人后来又发现煎煮此地的泉水也可得盐。一时间，盐的产量大增，堆积如山。这样一来，巫咸国人足不出户便能得到足够的五谷和肉食，因为有很多前来交换食盐的外族人。所以说，食盐是部落得以延续的根本，盐给他们带来了体力与生命。由于运盐的需要，虽然巫溪一带水流湍急，却早已通船。为了发展盐业，巫咸国国王在巫溪附近设立了若干商业据点，推销巫盐。许多巫咸国人迁徙至此，没有离开。他们死后被埋葬在巫溪两侧的高山上，以便天天可以看到川流如梭的运盐船。

据考证，神秘的巫咸国就是现在的重庆市巫溪县，地处渝、陕、鄂三省（市）交界处，居大宁河畔，东依神农架、武当山，南接大三峡、小三峡，系大溪文化区域，被称为"上古的神秘盐邦"。

bìng fēng

并封

有一个名叫并封的怪兽栖息在巫咸国东面，它的体形像猪，前后都有头，浑身布满黑毛。

在古代文化中，雌雄同体之类的传说有很多，但是在生物界却很少存在。这种文化观念不能忽视，实际上表现了一种古老的自相交配的观念。本书中也有很多双头神兽、双头神鸟之类的形象。

汪绂图本
并封长有两个头，前后各一。

并封图

《禽虫典》

并封为猪形兽，前后都有头。

蒋应镐图本
图中的并封实际上是双头蛇，可见兽头、蛇身、四足。

女子国人

nǚ zǐ guó rén

女子国位于巫咸国的北面，这里四周被水环绕着，有两个女子居住在这里。女子国境内有一眼神奇的泉水，名叫黄池，妇人在黄池中沐浴即可怀孕生子。若生下男孩，三岁便会死去，若是女孩则会长大成人。所以，女子国的人都是女人而没有男人。另一种说法认为那两个女子住在一道门的中间。女子国离九嶷山两万四千里。

蒋应镐图本

传说女子国在海中，四周环水，女子国的国民只要在
黄池中沐浴就可以怀孕生子。

《旧唐书》也有关于类似女子国的记载，就是东女国。据史书记载，东女国的建筑都是碉楼，女王住九层的碉楼，一般老百姓住四五层的碉楼。女王穿的是青布毛领的绸缎长裙，裙摆拖地，贴着金花。东女国人最大的特点是重妇女、轻男人，国王和官吏都是女人，男人不能在朝廷做官，只能在外面服兵役。宫中女王的旨意，通过女官传达到外面。东女国设有女王和副女王，在族群内部推举有才能的人担当，女王去世后，由副女王继位。一般家庭中也是以女性为主导，不存在夫妻关系，家庭中以母亲为尊，掌管家庭财产的分配，主导一切家中事务。

根据考察，历史上的东女国就处在今天川、滇、藏交汇的雅砻（lóng）江和大渡河的支流大金川、小金川一带，这里至今保留着东女国母系社会的很多特点。在这里，女性是家庭的中心，掌管财产的分配和其他家庭事务，与东女国"以女为王"相似，有的家庭有 30 多个人，大家都不结婚，男性是家中的舅舅，女性是家中的母亲，老母亲主宰家中的一切。扎坝人依然实行走婚，在男女集会的场合中，男方如果看上了女方，就从女方身上抢来一样东西，比如手帕、坠子等，如果女方不要回信物，就表示同意了。到了晚上，女方会在窗户边点一盏灯，等待男方出现。他们之间的关系叫作"甲依"，就是伴侣的意思。女方生小孩后，男方一般都不去认养，也不用负任何责任，小孩由女方的家庭抚养。

在中国古典名著《西游记》当中也有类似女子国的描述，就是西梁女国。当唐僧四人走到西梁女国的时候，发现"那里人都是长裙短袄，粉面油头，不分老少，尽是妇女，正在两街上做买做卖。忽见他四众来时，一齐都鼓掌呵呵，整容欢笑道：'人种来了，人种来了！'慌得那三藏勒马难行，须臾间就塞满街道，惟闻笑语。"可见西梁女国也如女子国一样，都是女子。西梁女国的国王对唐僧一见倾心，而唐僧也不小心动了凡心。这一段被视为《西游记》当中最为经典的片段之一。

轩辕国人

xuān yuán guó rén

海外西经

汪绂图本

轩辕国的人为人面蛇身，尾交于头上，或许这正是古神话中黄帝的形象特征。这种"人面蛇身，尾交首上"的造型有着很深的寓意。

轩辕国的人即使不长寿，也能活到八百岁，彭祖在他们那里也不能算长寿的。轩辕国的人有人的面孔，却长着蛇的身子，尾巴就盘绕在头顶上。黄帝就出生在这个地方。

蒋应镐图本

轩辕国的国民都是人面蛇身，蛇的身体盘绕两圈，绕在脖子上，蛇尾向上翘，交于头上。

lóng yú

龙鱼

　　龙鱼既可在水中生活又可在山陵中生活，龙鱼的形状和一般的鲤鱼相似。另一种说法是龙鱼是一种外形像狐狸的小型野兽，有神力的人骑着龙鱼遨游在广大的原野上，就像骑着天马遨游在天上一般。还有一种鳘鱼栖息在沃野的北面，这种鱼的外形也与鲤鱼相似。

乘黄

chéng huáng

　　白民国境内生活着一种叫作乘黄的野兽，与一般的狐狸相似，但脊背上长有角，它是一种祥瑞之兽。人如果骑上它就能长寿，活到两千岁。乘黄的身子像马身，还长着龙的翅膀，背部长着两个角。黄帝就是坐着乘黄飞升成仙的。

蒋应镐图本
背上有角是乘黄最显著的形象特征，在蒋本中，乘黄背后的两只角很长。

胡文焕图本

乘黄长着三个角，背上有两个短角，似骆驼的
两个驼峰，头上有一个尖角，似在奔跑。

蒋应镐图本　肃慎国一带

在肃慎国的北方有个长股国，这
里人双腿皆奇长无比；那个站在
海中，双手捧着一条刚抓上来的
鱼的人即为长股国国民。西方之
神蓐收，正骑乘二龙，腾云驾
雾，上天入地，巡视八方。

肃慎国人

sù shèn guó rén

　　肃慎国的国民平时没有衣服穿，只把猪皮披在身上，冬天涂上厚厚的一层油抵御风寒，日子十分艰苦。肃慎国境内有一种树木，叫作雒棠树，具有一种"应德而生"的神力。一旦中原地区有英明的帝王继位，雒常树就会长出一种树皮，供肃慎国的人制成衣服穿在身上。圣帝在位时就曾穿过用这种树皮做的衣服。肃慎国的人还擅长拉弓射箭，他们用的弓长四尺，因为力大无比，所以只需用石头做箭头就可以把野兽杀死。传说春秋时期陈侯就在自己的庭院中拾到过这种箭。

　　肃慎是中国古代东北民族，是现代满族的祖先。舜、禹时代，已与中原有了联系。舜时，息慎氏朝，贡弓矢；禹定九州，周边各族"各职来贡"的，东北夷即有肃慎。周武王时，肃慎人入贡"楛矢石砮"。成王时，肃慎人来朝，成王命大臣荣伯作"贿息慎之命"。康王时，肃慎人复至。周人在列举其疆域四至时称："肃慎、燕、亳，吾北土也。"可见在春秋以前，肃慎人已臣服于中原王朝。

长股国人

海外西经

　　长股国位于雒棠树的北面，那里的人都赤裸上身，披散着头发。长股国国民善于捕鱼，他们的身体跟普通人别无二致，就是双腿奇长无比，可达三丈，行走时就像踩着高跷一般。于是他们就用自己的优势和长臂国国民相互配合，曾有人看见一个长股国的人背着一个长臂国的人在海中捉鱼，他们根本不用划船，身上的衣服一点也不会被浪花打湿。

長股國丈夫在雨昜雨谷北之北

六長卿卿鬼三

吳任臣康熙圖本

长股国人最显著的特征就是腿长。

蒋应镐图本

图中的长股国人，赤身长发，长身长腿，有围腰，正站在海中，双手捧着一条刚刚抓到的鱼。

山海经神怪异兽全画集 一第八卷一

海外北经

Legends of Mountains and Seas

《海外北经》中的国家与《海外西经》中的国家相邻，主要有无启国、一目国、柔利国、深目国、无肠国、聂耳国、夸父国、拘瘿国、跂踵国等九个国家。这九个国家的人长相和风土人情都与常人不同，比如说：柔利国的人，一手一脚，膝盖反长；无启国的人不生育子孙后代；一目国的人脸中间长了一只眼睛。除此之外，还有一些有趣的历史人物和神话传说，如天神共工的臣子相柳被大禹所杀，夸父逐日的故事，等等。

海外北经 · 226

海外北经

蒋应镐图本　一目国以东地区

一目国的人一只独目长于脸面正中。那个独手独足、脑袋反生者是柔利国人。相柳是个九头蛇身的怪物。深目国的人眼睛深深陷在眼眶中。聂耳国人耳朵巨大无比，且常使唤两只花斑大虎做仆人。

wú qǐ guó rén

　　无启国的奇特之处在于他们都不生育子孙后代。他们住在洞穴里，没有男女之别，生活非常简单，有时仅靠呼吸空气为生，偶尔会吃几条小鱼，有时则干脆捡拾泥土食用。他们死后就埋入土中。奇特的是，他们人虽已经死了，但是心脏却依然跳动不已，尸体也不会腐烂。等到一百年（也有说一百二十年）以后，他们又会复活，从泥土里爬出来重享人生快乐。所以在他们看来，死亡就好像是睡大觉。如此周而复始，往返延续，以至这里的人虽然没有后代，家族却依然人丁兴旺。

烛阴

zhú yīn

胡文焕图本
烛阴是人头龙身的山神。

　　钟山的山神名叫烛阴，他威力巨大，睁开眼睛人间便是白昼，闭上眼睛宇宙便是黑夜；一吸气天下便是寒冬，一呼气世界便是炎夏，一呼吸就生成风。他的样子也很奇特，长着人的面孔、蛇的身子，全身赤红，就住在钟山脚下。他平时不喝水、不吃食物、不呼吸。他的身子有千里之长，居住在无启国的东边。也有人把他叫作烛龙，认为他是一位威力跟盘古相当的创世神。

一目国人

yī mù guó rén

汪绂图本
一目国人系着围腰，面部有一横目在中间。

一目国位于钟山的东边，这个国家的人相貌奇特，只在脸的正中央竖生着一只眼睛，赤身光脚，系着一条围腰。另一种说法认为他们的独目为横目，像普通的人一样也有手有脚。

在不同的画作当中，一目国人有的是横目，有的是竖目。民族学家认为，竖目和横目象征着人类文化发展的两个不同阶段。陕西省神木县的石峁遗址中有一件小玉人，只有掌心大小，上面刻了一个只有一只眼睛的人，与《山海经》中所说的"一目国人"十分神似。

蒋应镐图本

一目国人赤身光脚，有围腰，双手
置于腹部，有一竖目在脸面中间。

柔利国人

山海经神怪异兽全画集 下卷

Legends of Mountains and Seas

róu lì guó rén

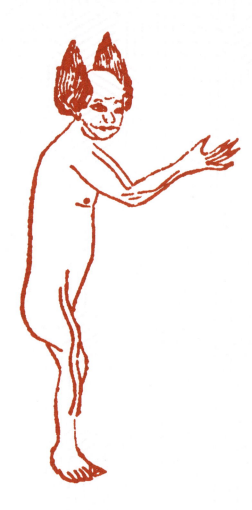

吴任臣康熙图本
柔利国人只有一手一足，头与手足都往同一个
方向生长。

在一目国的东面有个叫柔利国的地方，
这个国家的人都只长有一只手、一只脚，
而且膝盖是反长着的，脚弯曲朝上。柔利
国又叫留利国或牛黎国，因为他们身上没
有骨头，所以手脚都向上反折着。

蒋应镐图本

柔利国人，头与手脚往前后不同的方向生长，脑袋往后，手足往前；
此人只有一手一足，手叉腰，足半弯，全身赤裸。

相柳

xiāng liǔ

天神共工的臣子有个名叫相柳氏的，他的相貌十分凶恶恐怖。巨大的青色蛇身上面长着九个脑袋，每个脑袋上都是人的面孔。不仅如此，这九个头分别在九座山上吃食物。他一吞一吐，所触及的地方便会成为沼泽，并发源出溪流。沼泽中的水苦涩无比，人兽都无法饮用。在发洪水的时候他出来助纣为虐，大禹平息洪水以后便杀死了他。之后大禹发现，相柳死后流出的血液汇聚成河，发出腥臭刺鼻的气味，所流经的地方五谷不生。大禹动手掘填被相柳血膏浸坏的土地，但填塞了多次，又多次塌陷下去。大禹没办法，干脆挖了一个池子，让血流到里面，并用挖掘出来的泥土为众神修造了几座帝台，统称为共工台。这几座帝台位于昆仑山的北面，柔利国的东面。

蒋应镐图本
相柳是巨大的青色蛇，身上长着九个脑袋，每个脑袋上都是人的面孔。

相柳

汪绂图本
相柳蛇身漆黑，九首三三相叠。

　　关于相柳的斑斑劣迹，另有传说记载。相传在帝尧时代，相柳霸占了雍州以西的地区，荼毒生灵，侵灭诸侯，使得民不聊生，一时间怨声载道。当时，大禹领命治水，到了共工藩国内雍州以西，发现了相柳的残暴，发誓不诛此妖誓不为人。原来，自从相柳被共工孔壬委命留守之后，便依了孔壬所教授的方法，豢养一班凶人，替他在百姓中选择身宽体胖之人，供他吞食，而他自己却隐藏在幕后。同时又假仁假义，对于那些瘦弱的百姓施之以恩惠，或者助之以米粮，或者就从肥胖的人身上敲诈些食物出来，

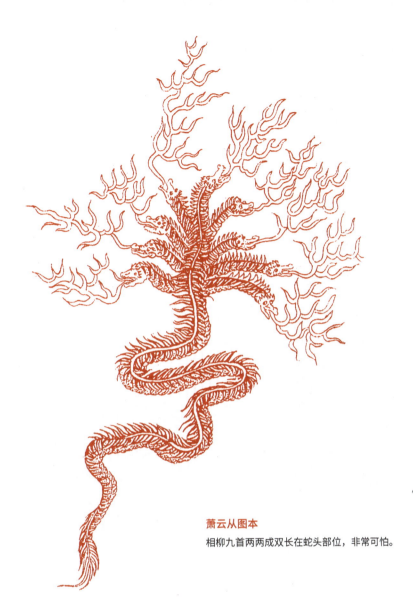

萧云从图本
相柳九首两两成双长在蛇头部位，非常可怕。

一半拿来饱自己的肚腹，一半分给瘦弱百姓，以赚取扶助弱者的美名。其实他何尝真有怜悯贫瘦的美德，不过想把他们养肥再来供自己吞食罢了。另外，借此假仁假义，还可以博得一班瘦弱之人的称誉，以掩饰他择肥而食的残酷，可谓一举两得。所以几十年来，远方之人，还不甚知道相柳的底细，以为不过是共工孔壬的臣子而已。他的算计，不可谓不巧妙。但看到他几十年来，身长体粗，膏油满腹，就可见吃人之多。

深目国人

shēn mù guó rén

　　深目国在相柳氏所在地的东面，那里的人总是举起一只手，吃鱼。深目国也在共工台的东面。

　　深目国人很有可能是胡人，或者是南方的少数民族。因为从外形特征分析，"深目"可能是因为人的面部五官太过于立体，才会给人造成"深目"的感觉。

《边裔典》

深目国人，眼睛深深陷在眼眶里，"深目"的特征比较明显。

聂耳国人

niè ěr guó rén

聂耳国在无肠国的东面，那里的人驱使着两只花斑虎，行走时用手托着大耳朵。聂耳国在海水环绕的孤岛上，能看到出入海水的各种怪物。

聂耳国也被写入清代小说《镜花缘》中。书中诙谐幽默地描写了聂耳国人的特征，说那里的人身形体貌与常人没有差异，就是耳垂到了腰部，走路的时候双手捧着耳朵才能前行。

蒋应镐图本

聂耳国人，赤身光脚围腰，双手扶着长耳。

蒋应镐图本　夸父国一带

夸父国人皆身材高大，且双手操蛇。跂踵国人也身材高大，那个踮脚巨人即为跂踵国之民。北海内有种形似马的神兽名叫駃騠；还有一种野兽名蛩蛩，也形似马，以虎豹为食；那里还生活着一种名罗罗的虎形兽。

跂踵国人

qǐ zhǒng guó rén

跂踵國

汪绂图本
跂踵国人用脚趾走路，脚跟不着地。

　　跂踵国位于拘瘿国的东面，这个国家的人身材都很高大，两只脚也非常大。他们都只用脚趾头走路，脚跟不着地，看起来蹑手蹑脚的样子，所以称为跂踵，也叫跂踵、支踵。跂踵国人的脚反向生长在腿上，如果往南走，留下的足迹就会向着北方，所以又称反踵，他们所在的国家因此也叫反踵国。

蒋应镐图本

跂踵国人如山一般高大，走路却蹑手蹑脚。

蚕神

cán shén

　　欧丝之野位于跂踵国以东，有一个女子正跪倚着一棵桑树吐丝。有三棵没有枝干的桑树，生长在欧丝之野的东面，这三棵桑树虽然高达一百仞，却不生长枝叶，只有光秃秃的树干。关于这个女子和这三棵桑树，曾流传过这样一个传说。黄帝在战败蚩尤以后非常高兴，大摆庆功宴，命令手下的乐官演奏乐曲，让战士们随着音乐跳起雄壮威武的舞蹈。就在作乐庆功、皆大欢喜的时候，天上突然飘然降下一位女神。她手里握着两捆细丝，一捆颜色像金子一样灿烂，一捆颜色像白银一样耀眼。这位女子自称是蚕神，特地赶来把精美的蚕丝献给黄

明代木刻插图摹本《蚕神》
图中的蚕神身形秀美，白马伴其左右，周围祥云缭绕，显然身处仙境。

帝，作为庆功宴上的贺礼。这位蚕神是一个美丽的女子，唯一让人觉得奇怪的是，她身上披着一张白色的马皮。而这张马皮就好像包裹在她身上一样，与她合二为一，根本取不下来。如果她把马皮左右收拢一些，整个身体就会被马皮包围，继而与马皮合为一体，变成一条白色的虫，长着马一样的头，在地上不停地蠕动。

蚕神自我解释说，她住在北方的荒野，其东边生有三棵高达百仞、只有主干没有枝丫的大桑树。她常常半跪着趴在一棵树上，以桑叶为食，然后从嘴里吐出闪光的丝。用这些丝织成美丽的丝绸，就可以给人做衣裳了。因为日日吐丝，所以她居住的荒野就被叫作欧丝之野。黄帝听了大为赞赏，就让蚕神教导妇女缫丝纺绸。

黄帝的妻子嫘祖也亲自培育幼蚕，并在百姓中推广。从此，中华大地就有了美丽的丝织品，中国也就成了丝绸的故乡。

然而这位蚕神是从何而来，又为何身披马皮呢？原来在上古时期，有一个美丽的女孩，她的父亲被强盗掠走，只剩下母亲与她相依为命。家中有一匹白马是父亲曾经的坐骑，这匹马每天由女孩精心喂养，渐渐对她产生了感情。女孩的母亲自丈夫被掠走之后，日日牵挂，看到丈夫以前的坐骑之后思念更甚，便对马说："马啊！假如你能去把我丈夫接回来，我一定将我女儿许配给你做妻子。"

马听到这句话，竟然挣脱缰绳飞奔出去，如风驰电掣一般。也不知经历了多少艰险，终于在几天之后找到了女孩的父亲。父亲见到马又惊又喜，筋疲力尽的马回头望望来路，发出悲鸣。父亲顾不上心中疑惑，骑上白马回到了家中。

见到父亲被救了回来，一家人自然欢喜不迭；想到这马如此通人性，待它更甚以往，总是用最好的草料来喂它。但这马非但不吃，而且每每看见女孩进出院子时，都会神情异常，又叫又跳。

父亲觉察到这种情况之后非常奇怪，便私下审问妻子，妻子只好将她对马说的话告诉了丈夫。父亲听后十分恼怒："人与畜怎能结婚呢？"他虽然感激这白马对自己的救命之恩，但无论如何也不能将女儿许配给马，辱没家门。他将女儿锁在房子里，不让她出门。白马看不到女孩，脾气比以前更加暴躁，日日嘶鸣不已。为了避免白马在家里长期作怪，父亲干脆在院子里埋伏弓箭，狠心将马射死，并剥下马皮，晾在院子中的树枝上。一天，父亲有事出门，女孩在院子里玩耍时又看见了马皮，心里怨恨，就将其从树上扯下，踩在脚底，骂道："你本是个畜生，为什么想娶人做妻子呢？现在招来这样的屠剥，为何这样自找苦吃……"话音未落，那马皮突然从地上跳跃起来，包裹在女孩身上，然后飞快往门外跑去，转眼间就消失在远方。女孩的母亲看到这一情景目瞪口呆，回过神之后拼命追赶，但哪里还有女儿的影子。一直等到丈夫回来，她才将此事告诉了他。

丈夫听到这话十分诧异，便四处寻找，最后在一棵大树的枝叶间发现了全身包裹着马皮的女儿，她已经变成了一条蠕蠕而动的虫，慢慢摇动着她那马一样的头，从嘴里吐出长长一条洁白闪光的细丝来，缠绕在身体周围。于是人们把她叫作"蚕"，因为她吐丝缠绕自己；又把这棵树叫作"桑"，因为这位女孩在这里丧失了年轻的生命。这就是蚕的由来。这位女孩后来居住在欧丝之野，成为蚕神。那马皮也一直披在她身上，和她永不分离。蚕神在古代有蚕女、蚕花娘娘、蚕丝仙姑等多种不同的称呼，是民间信奉的司蚕桑之神。中国是最早发明种桑饲蚕的国家。在古代男耕女织的农业社会经济结构中，蚕桑占有重要地位。所以无论是古代统治阶级还是普通劳动人民，都对蚕神有着很高的敬意。因为蚕神有着重要的地位，所以蚕农们对蚕神进行祭祀，并衍生出许多风俗，例如接蚕花、蚕花水会、踏白船、请蚕花、做蚕圆、祛蚕虫等，都有非常鲜明的风俗特点。

táo tú

Legends of Mountains and Seas

蒋应镐图本
駒駼看起来像马，嘴部却好像猪，正在翘首回望。

　　北海内有一种野兽，其形状和普通的马相似，名字叫駒駼，又叫野马。它是一种良马，善于奔跑，但性情刚烈，不可驯服。它也是一种瑞兽，如果中原有圣明天子在位治理天下，它就会出现。

250

《尔雅音图》

駒騟，雄姿英发，善于行走。

qióng qióng

北海内还有一种白色的野兽，形状像马，名字叫蛩蛩。

蛩蛩和距虚是一对形影不离的野兽，这在很多典籍中都有记载。《吕氏春秋》中记载，蛩蛩和踞虚还与一种叫蟨的野兽有着非常密切的关系。蟨是一种前足像老鼠，后足像兔子的动物，它如果遇到甘草，就会咬下来给蛩蛩和距虚；如果蛩蛩和距虚看到有人来，就会拖着蟨一起走。孔子也曾经评价它们之间的关系，说蟨并不是真的爱蛩蛩和距虚，而是因为要借助蛩蛩和距虚的双腿逃跑；而蛩蛩和距虚也不是发自内心地爱蟨，而是因为回报它给它们吃甘草。

比肩兽

比肩兽指的是两头身子合在一起的兽。在古代社会，比肩兽和比翼鸟的出现，都象征着这个时代有仁德和明君。现代的象征意义，大多是对爱情的忠贞不渝。据考，蛩蛩和距虚，可能就是一对比肩兽。

罗罗

山海经神怪异兽全画集 下卷

Legends of Mountains and Seas

luó luó

蒋应镐图本
罗罗外形像虎，却没有斑纹。

　　北海内有一种青色的野兽，形状像老虎，名字叫罗罗。
很多南方的少数民族称老虎为罗罗。还有一个民族信仰虎，
并自称罗罗人。

《禽虫典》

罗罗是一只斑身虎，正端坐于山头之上。

禺彊

yú qiáng

山海经神怪异兽全画集 下卷

Legends of Mountains and Seas

蒋应镐图本
禺彊是风神时，鸟身人面，脚踩两条青蛇，
神情飘逸。

　　北方之神禺彊，长着人的面孔和鸟的身子，耳朵上穿挂着
两条青蛇，脚底下还踩着两条青蛇，威风凛凛地在海天之间遨
游。禺彊字玄冥，是颛顼之佐。禺彊和颛顼共同管理着北方极地
一万二千里的地域。他还是北海海神、北风风神，掌管冬季。

　　他有两种形象：当他是风神的时候，他是鸟的身子，脚踩两
条青蛇，生出寒冷的风；当他是北海海神的时候则是鱼的身子，
但也有手有足，驾驭两条龙。

萧云从图本

图中表现了禺彊作为海神的样子：人面鸟翼，双手操蛇，乘两龙。

蒋应镐图本

禺彊人面鸟身，珥蛇践蛇；正于茫茫云海、碧浪滔天中，
乘两条苍劲的神龙，威风凛凛地于天地之间遨游。

山海经神怪异兽全画集 ｜第九卷｜

Legends of Mountains and Seas

海外东经

《海外东经》中的国家与《海外北经》中的国家相邻，主要有大人国、君子国、青丘国、黑齿国、玄股国、毛民国等八个国家。这八个国家每个国家的人都有自己不同的特点，如大人国的人身材高大，黑齿国的人牙齿漆黑，玄股国的人穿鱼皮衣。除此之外，文中还记载了一些有趣的神话传说。

海外东经 · 262

海外东经

蒋应镐图本　狄山以北

狄山是埋葬帝尧的地方。狄山以
北，那个珥蛇的人面兽是奢比
尸。北面还有两头虹，横跨山
水，挂于天上。朝阳谷中居住着
名叫天吴的人面八头虎身神。青
丘国内生存着一种九尾狐。毛民
国人全身长毛。劳民国人周身黑
色，以采食野果为食。

大人国人

dà rén guó rén

　　大人国在狄山的北面，这个国家的人身材比一般的人要高大得多，他们擅长撑船，也有人说他们会制造木船。传说大人国的人要在母亲的肚子里孕育三十六个年头才能出生，一出生头发就已经白得像雪了，而且身材魁梧得像奇伟的巨人。据说他们能够腾云驾雾飞行，却不会走路，因为他们是龙的后代。

　　《国语·鲁语》中说：防风是防风国的君主，在虞、夏、商时称为汪芒氏，在周时为长狄，今为大人。焦绕氏身高只有三尺，是非常矮的人；而大人的身高则是其十倍，大概高为三丈，十分惊人。据说防风被杀后，光是他的一节骨头，就要用一整辆车运送。防风之后的大人为长狄。《春秋·文公十一年》中说：长狄兄弟三人，十分厉害，

汪绂图本

大人国的人体型非常庞大，端坐在地上。

瓦石都不能伤害他们。有一个善射的人，射中了他们的眼睛，他们的身子倒下后，足有九亩地那么大。《神异经·东南荒经》也记载了一对"并高千里"的朴父夫妇。这些都是对大人国的记载。

在英国作家乔纳森·斯威夫特的长篇游记体讽刺小说《格列佛游记》当中，写了格列佛在不同国家的奇遇。其中格列佛游历的国家就有大人国。大人国的人都有几十米高，身躯非常庞大。这个国家是一个理想的、有教化的国家。

奢比尸

shē bǐ shī

汪绂图本

奢比尸人面兽身，正端坐回首。

　　奢比尸生活在狄山的北面，他长着野兽的身子、人的面孔，大大的耳朵上还穿挂着两条青蛇。传说奢比尸就是黄帝身边的大臣奢龙所化。当年黄帝刚刚成为部落首领时，得奢龙，辨别出东方；得祝融，辨别出南方；得火封，辨别出西方；得后土，辨别出北方。并将四方事务分别交给他们去办理。古人也认为奢比尸就是肝榆尸，生活在大人国的北面。

《神异典》

奢比尸裸体围腰，四肢呈蹄形，如人般站立。

胡文焕图本

奢比尸面带微笑，四足着地，作兽行走状。

君子国人

jūn zǐ guó rén

　　君子国位于狄山的北面。这个国家的人个个衣冠整齐，腰间还佩戴宝剑，文质彬彬。他们以野兽为食，每个人都使唤两只花斑老虎。君子国的人虽然能役使老虎，却十分斯文，为人喜欢谦让而不好争斗。据说在君子国中，农民都相互礼让于田畔，行人都相互礼让于道路。不管是官员还是百姓，贵族还是贫民，个个言谈举止彬彬有礼。这个国家的国王还颁布法令，臣民如有进献珠宝的，除将进献之物烧毁外，还要遭受刑罚。可见君子国的谦让，不是表面的，而是根深蒂固的。另外，君子国里生长着一种熏华草，早晨开花，傍晚就凋谢了。

271

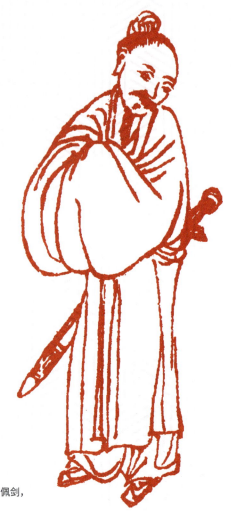

汪绂图本
君子国人，身穿长衫，腰间佩剑，
双手作揖，非常恭敬有礼。

　　清代小说家李汝珍的小说《镜花缘》中，也描述了君子国的样子。这是一个令人向往的国度，每个人都以君子的要求自律，遇到事情都会不停谦让。《镜花缘》中有这样一些故事，讲的是当时的士兵或农夫买东西的时候，总是觉得自己花的钱太少，卖家却觉得自己应该要低的价格。于是买家和卖家就会因此而争执不下，最终得有人调解才能够达成买卖。这样的国家必须闭关锁国，因为一旦外界的小人们进入到这个国家，小人横行、奸诈百出，君子国就会变得非常危险。

hóng

　　虹生活在狄山的北面，它的前后两端各有一个脑袋，其实就是彩虹或虹霓，俗称美人虹。古人认为虹是一种双首大口吸水的长虫，横跨山水，挂在天上，还有雌雄之分。虹双出而颜色鲜艳的为雄，称作虹；颜色暗淡的为雌，称作霓。

　　在古代文献中，有很多关于"彩虹喝水"的记载。《汉书·燕王旦传》中记载，天下过雨后，彩虹来到宫中饮井水，把水全部喝干了，吸水量相当大。《太平广记》中也有彩虹饮水的故事。晋陵有个叫薛愿的人，有天一条虹伸到

山东武氏祠汉画像石《双头蛇》

这幅图就是虹的古字，其字形是一个双头同体的动物的象形。古人认为虹是双首大口吸水的长虫，横跨在山水之上。

他家的锅里饮水，一阵声响后就把水吸干了。薛愿又拿来酒倒进里面，结果也是边倒边吸。另外有个叫刘义庆的人，在广陵养病喝粥，忽然白色的虹进入房间，也来喝他的粥。在《梦溪笔谈》和《朱子语类》中，也有类似的记载。

此外，非洲南部的祖鲁人、中美洲的古代玛雅人及缅甸克伦人也有彩虹会喝水的说法。这种观念的广泛分布，可能是因为彩虹往往出现在雨后的水井、湖泽、溪流等处，在古人看来就好像在饮水。

天吴

tiān wú

胡文焕图本
天吴大头周围生着七个小头，面露微笑。

　　朝阳谷居住着一个神仙，叫作天吴，他就是水伯。他住在山谷北面的两条水流中间。天吴的样子十分威风，身子像野兽，长着八个脑袋，而且每个脑袋都有人的面孔；同时身上还长着八只爪子、八条尾巴，背部的毛皮青中带黄。

　　"天吴"或"天虞"就是先秦和秦汉文献中常见的"虞"，也叫"驺虞"。《海内北经》这样记载："林氏国有珍兽，大若虎，五采毕具，尾长于身，名曰驺吾，乘之日行千里。"这种动物名"虞"或"驺虞"，被吴人尊为图腾和族神后，就成为"天吴"或"驺吴"。

275

蒋应镐图本

天吴八首八爪八尾，可以像人一样站立。

天吴

汪绂图本
天吴人面兽身，作前行状。

黑齿国人

hēi chǐ guó rén

　　黑齿国在狄山的北面，这个国家的人喜欢用一种草把牙齿染黑，所以牙齿的颜色漆黑。他们以稻米为食，以蛇佐餐。黑齿国的居民都会役使蛇，每个人身上都围着一条红蛇和一条青蛇。另一种说法是黑齿国在竖亥所在之地的北面，那里的人脑袋是黑色的，以稻米为食，役使蛇，而他们身边只有一条红蛇。

　　唐朝初期，有原黑齿国人、左武卫大将军黑齿常元，因功勋卓著被封为燕国公，曾使突厥人望而生畏，后死于武则天的酷吏政策下。黑齿常元的后裔以祖上为荣，遂用"黑齿"为姓氏，后又简化为黑氏、齿氏者；又有以先祖名字为姓氏，称常氏者。

海外东经

李汝珍的小说《镜花缘》中亦有黑齿国人，他们不仅通身如墨，连牙齿也是黑的，再映着一点朱唇，两道红眉，一身红衣，更觉奇黑无比。

古代日本，女人会以牙齿黑为美。明治维新之前的一段时期，一口乌黑铮亮的黑牙在当时的贵族中非常流行，黑齿成为社会的风俗。《源氏物语》中记载，紫姬年幼时并无染齿，源氏收养其后，是姥姥帮她染了黑牙，才使得她看上去"更美了"。此外，《枕草子》《紫式部日记》等作品中也都记载了当时贵族有染黑齿的习俗。

雨师妾国人

yǔ shī qiè guó rén

雨师妾国位于狄山的北面。那里的人浑身漆黑，两只手各握着一条蛇，左边耳朵挂着一条青蛇，右边耳朵挂着一条红蛇。又，雨师妾国在十个太阳所在地的北面，那里的人都长着黑色身子和人的面孔，两只手各拿着一只灵龟。雨师妾是雨师之妾，一个统帅蛇族的女巫，生着人面兽身，裸体。挂蛇操蛇乃是她作法布雨的巫具与标志。

萧云从图本

雨师又名萍号，《天问》中的"萍号起雨"就是雨师
正骑在飞龙的身上，手拿着雨瓶在向地面播雨。

胡文焕图本

雨师妾为人面兽身裸体，有乳、脐。

汪绂图本

此神身黑有乳。雨师妾有乳，似是某统帅蛇族的女巫，
挂蛇与操蛇为她布雨作法的巫具与标志。

毛民国人

máo mín guó rén

毛民国在狄山的北面。这个国家的人浑身长满了长长的黑毛，身上的毛就好像箭镞一般坚硬，样子像熊一样。这里所有的人都身材矮小，不穿衣服，居住在山洞里。毛民国也可能位于玄股国的北面。

毛民国在狄山的北面。这个国家的人浑身长满了长长的黑毛，身上的毛就好像箭镞一般坚硬，样子像熊一样。这里所有的人都身材矮小，不穿衣服，居住在山洞里。毛民国也可能位于玄股国的北面。

胡文焕图本
毛民国人身披长毛长发。

东晋年间，吴郡司盐都尉戴逢在海中航行时得到一条小船，船上有男女共四个人，全都身材矮小，浑身长着硬毛，就像豪猪一样。因为语言不通，戴逢便把他们送往丞相府，但在半路上，四个人死了三个，只剩一个男的还活着。当地官府赐给他一个女人让他们成亲，他们后来还生了一个儿子。他在中原住了很多年后，才渐渐懂得他人说话。他时常向别人说他是来自毛民国的人。

汪绂图本

毛民国人赤身裸体、身长浓毛，其面部及
眼部的刻画如现代人一般无二。

劳民国人

láo mín guó rén

《边裔典》图本

图中的劳民国人正是脸面与双手皆黑。

劳民国在狄山的北面，这个国家的人浑身上下都是黑色的，就像雨师妾国人一样。他们采集野果野草为食，每人身边都有一只鸟供他们召唤，这种鸟只有一个身子，却长着两个头。有的人称劳民国为教民国。另一种说法是劳民国位于毛民国的北面，那里的人脸面、眼睛、手脚全是黑的。

在李汝珍的小说《镜花缘》中，也有对劳民国的描述。说劳民国的人都面如黑墨，身子始终摇摆。当地人都说"劳民永寿，智佳短年"，所以他们虽然终日劳劳碌碌，但只是在劳动筋骨，并不操心；而且他们以果木为食，所以都很长寿。

句芒

gōu máng

　　东方之神叫句芒，其神貌是鸟的身子、人的面孔，驾驭着两条龙上天入地。句芒名重，是西方天帝少昊之子，后来成为东方天帝伏羲的辅佐。他们共同管理着东方一万二千里地域内的事物。句芒还是春天生长之神，又叫青帝，古代每到立春时节，全国上下都要祭祀句芒，百官都要身穿青衣、戴青色的头巾。句芒还是生命之神。

　　句芒在古代非常重要，每年春祭都有份。它的本来面目是鸟身人面，乘两龙，后来在祭祀仪式和年画中，我们可以看到它的形象发生了变化：变成了春天骑牛的牧童，头上有双髻，手执柳鞭，亦称芒童。

　　传说有一次，郑穆公白天来到一座庙内，有个神走了进来。那神长着鸟的身子，四方脸盘。郑穆公见了吓得想跑，那

汪绂图本

句芒，人面鸟身，双翼平举，双足各
蹬一龙，好像在天空中飞翔。

神却说："不必害怕，天帝知道你施行德政，派我来为你赠寿
十九年；并使你的国家繁荣昌盛，六畜兴旺。穆公再叩头拜问：
"请问尊神大名？"神说："我是句芒。"

唐代诗人阎朝隐有诗曰："句芒人面乘两龙，道是春神卫九
重。"在历代的迎春祭祀活动中，句芒也是一个屡屡登场的角
色。据《岁时记》记载，立春前一日，各级官府的属员们率队
到东郊举行鞭春牛、迎春仪式时，句芒随其左右，手执彩鞭。
这种仪式中的句芒被唤作"芒神"，因为它既是春神，又兼有谷
神的职能，所以很多地方一直都有打春牛和祭农神的活动。

蒋应镐图本

句芒，人面穿素衣，驾着两条龙。

山海经神怪异兽全画集 ——第十卷——

Legends of Mountains and Seas

海内南经

《山海经》中《海内经》的部分记载杂乱，没有明晰的方向和顺序。这从《海内南经》中就可以看出来，它的内容混乱，既有国家又有动物。其中的国家包括伯虑国、离耳国、雕题国、北朐国、枭阳国等九个国家。这些国家的人长相各异，如枭阳国的人都是人的面孔，长长的嘴唇，黑黑的身子，浑身长毛。巴蛇形体巨大，可以吞象。

海内南经 · 294

海内南经

蒋应镐图本　枭阳国一带

枭阳国人嘴大唇长，好食人。
那种形似牛的独角兽名兕。方
圆三百里的树林——泛林以西，
还有处狌狌栖息之地。往西北
方，有许多犀牛，那些三角牛
便是。弱水之中，栖息着怪兽
窫，它长着龙首蛇身。氐人国
人皆人面鱼身。

伯虑国人

bó lǜ guó rén

　　伯虑国的人一生最怕睡觉，生怕一睡不醒，送了性命，因此日夜愁眠。所以这个国家向来没有被子枕头，就算有床，也是为短暂歇息而设，从来不长时间睡觉。以至于该人终年昏昏沉沉，勉强支持。

　　清代小说《镜花缘》中，同样也有对伯虑国的描述。在伯虑国的街头，处处都是在犯困的人，他们唯恐一睡不醒，所以一直都不敢睡觉。往往有人尽力坚持，数年没有睡觉，到最后精神疲惫，支撑不住，便一觉睡去，任凭他人百般呼唤，也不能醒。其亲属见状悲哭，以为他就此睡死不再醒来。而睡觉的人往往要等到好几个月后才能睡醒。其亲友知道他睡醒时，都赶来庆贺，以为他死里逃生。这里的人越是怕睡，就越是精神萎靡，一睡不醒的人往往就更多；反过来睡死的人越多，人们就越怕睡，如此就形成了恶性循环。正所谓"杞人忧天，伯虑愁眠"，人总会有所忧虑，所以"生年不满百，常怀千岁忧"又成为每个人生活的真实写照。

枭阳国人

xiāo yáng guó rén

汪绂图本

枭阳国人人面兽身，张口大笑，接近经文所述。

枭阳国位于北朐国的西面。那里的人都有普通人的面孔，却长着大大的嘴唇。据说他们的嘴唇大到能遮住额头，以致看不见东西。他们浑身漆黑，身上还长有长毛，脚跟在前而脚尖在后，一看见人就张口大笑，左手还握着一只竹筒。

吴任臣近文堂图本
枭阳国人线条硬朗明晰。

　　枭阳国人是介于人和兽之间的一种野人，是传说中的山精，他们性情凶暴，不但不怕人，还喜欢抓人。他抓到人后，便张开大嘴，把大大的嘴唇翻转盖在额头上，嗷嗷大笑，笑够了才动手吃人。聪明人便想出一种办法来对付他：拿两只竹筒套在手臂上，等他把自己捉住，正张口大笑准备吃的时候，就迅速从竹筒中抽出双手，并用随身携带的尖刀把他大大的嘴唇固定在他的额头上，让他的眼睛看不见东西，只能束手就擒。被捉住后，他的手中还莫名其妙地抓着那两只竹筒。枭阳国人还害怕火的噼啪声，于是古人进山时往往带上爆竹，来吓跑他。

《边裔典》

枭阳国人有二形：一为人面人身，黑脸黑身；二为人面鸟身，双手操蛇，右手送蛇入口而食。

sì

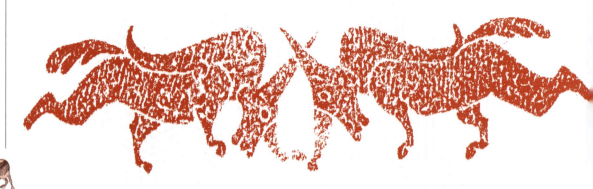

　　兕栖息在埋葬帝舜之地的东面，湘水的南岸。兕的外表看上去像一般的牛，浑身的毛皮都是青黑色，头上长着一只角。兕被称为文德之兽，是威力的象征，因此其形象常常铸在青铜器上。

　　有人将兕与犀牛二者混为一谈，是错误的。《海内南经》有这样两段记载："兕在舜葬东，湘水南。其状如牛，苍黑，一角。""兕西北有犀牛，其状如牛而黑。"

汉画原拓像石《双兕斗》

此图出自河南南阳博望河桥桩上。图中左右二兕，颈披长毛，张口瞠目，四蹄稳扎，低头翘尾，全力爆发，尖角相插，奋立相牴。

由此可见，虽然相似，但二者并非完全相同。

在中国古代的传统文化中，太上老君的坐骑就是青兕。孔子曾经说过："虎兕出于柙，龟玉毁于椟中，是谁之过欤？"借以批评自己的学生辅佐失职。《西游记》中，据此演绎出的妖怪"独角兕"形象更是流传广泛。

氐人国人

dǐ rén guó rén

氐人国位于建木所在之地的西面，这个国家里的人都长着人的面孔，鱼的身体，看上去胸以上是人，胸以下是鱼，只有鳍而没有脚。氐人国的国民是炎帝的后裔，所以他们颇有神通，能够在天地之间往返。传说大禹治水勘查黄河时，曾看见水中有一个巨人，那人对大禹说他就是黄河的河神。他的样子与氐人国的人相差无几，也长着白色的面孔和鱼的身子。

毕沅图本

氏人国人为炎帝的后裔，上身为人，下身为鱼。

　　氏人国的祖先，就是灵恝，在《大荒西经》中有所记载。灵恝是炎帝的孙子，他天生异象，长有人的头，蛇的身子，从小就有神力，能沿着天梯自由来去天上和人间。灵恝生了氏人，后来又有了氏人国。所以说灵恝是氏人国的祖先。

　　在日本文化传统中，也一直都有人鱼的形象，但是日本的人鱼和"美"却实在没有什么关系。因为日本历史上的人鱼，丑到极致，恐怖到令人发狂。

吴任臣近文堂图本

氐人国人上身为人、正身为鱼，双手作划水状。

氐人

汪绂图本

氐人国人脖子以上为人，脖子以下为鱼，有手。

巴蛇

bā shé

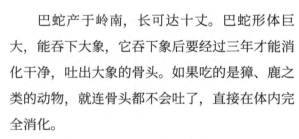

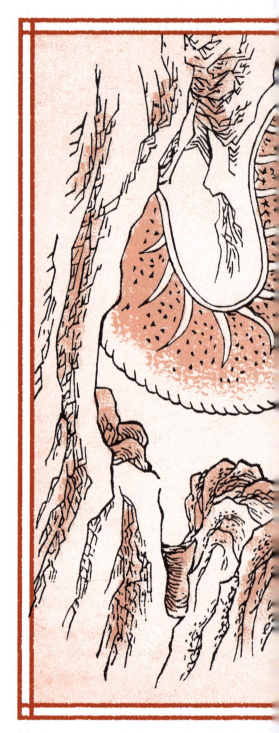

巴蛇产于岭南，长可达十丈。巴蛇形体巨大，能吞下大象，它吞下象后要经过三年才能消化干净，吐出大象的骨头。如果吃的是獐、鹿之类的动物，就连骨头都不会吐了，直接在体内完全消化。

古人认为有才能、品德高尚的人吃了巴蛇的肉，就不会再被心痛或肚子痛之类的疾病缠绕。巴蛇外表皮肤的颜色是青色、黄色、红色和黑色混合间杂，色彩斑斓。巴蛇是黑色的身子、青色的脑袋，盘踞在兕所在之地的西面。

因为巴蛇也袭击人类，所以黄帝派遣后羿前往斩杀。后羿先用箭射中了巴蛇，然后一直追赶它到遥远的西方，将其斩为两段。巴蛇的尸体变成了一座山丘，就是现在的巴陵。

蒋应镐图本

巴蛇张着血盆大口，正盯着一只毫无觉察的大象，犹如箭在弦上，一触即发。

萧云从图本

巴蛇造型非常奇特，蛇头巨大，张开大嘴，双目圆瞪，
将大象包围起来，使之无法逃脱。

巴蛇圖

《禽虫典》

巴蛇吞象做了一个全景式的描写，巴蛇从山岭当中窜出来，正在追赶逃命的大象。

旄马

máo mǎ

胡文焕图本
旄马十分威武，马鬃很长。

　　旄马，其形状像普通的马，马鬃长长地垂下，四条腿的关节上都有很长的毛。旄马又叫豪马，传说周穆王西狩的时候，就曾经用豪马、豪牛、龙狗、豪羊为牲来祭祀文山。旄马生活在巴蛇盘踞之地西北面的一座高山的南面。

旄馬

汪绂图本
旄马四节有毛的特征十分明显。

山海经神怪异兽全画集 第十一卷

Legends of Mountains and Seas

海内西经

《海内西经》记述的重点主要在昆仑山区，包括发源于昆仑山的赤水、黄河、洋水、黑水等河流。主要记述了流黄酆氏之国、东胡、貊国等国家，另外还描述了凤皇、树鸟、六首蛟等神兽的样貌和生活习惯。除此之外，《海内西经》中还有一些对历史人物和神话传说的记载，如贰负神的臣子危的故事。

海内西经 · 316

海内西经

蒋应镐图本
开明兽及周围环境

赤身裸体被绑在树上的是传说
中的贰负神，人面蛇身神正是
被他杀害的天神窫窳，昆仑山
的山坡上站着的是人面九头形
的山神开明兽。

èr fù chén wēi

　　贰负是古代神话传说中的神。他人面蛇身，是人蛇合体的图腾。他是古代跑得最快的神人，喜杀戮。后来成为武官的象征。

　　贰负神的臣子名危，贰负神和危合伙杀死了另一个人面蛇身的天神窫窳。可实际上窫窳并没有犯多大错误，这令黄帝十分恼怒，便把贰负和危拘禁在疏属山中，并给他们的右脚戴上枷锁，还用他们自己的头发反绑住他们的双手，拴在山中的大树下。这个地方就位于开题国的西北面。

　　传说几千年后，西汉的宣帝命人开凿上郡的发盘石，结果在石下发现一个石室，里面有两个人，全都赤身裸体，被反绑着，一只脚上还戴着枷锁。当时的人们不认识，便将这两个人用车运往长安，

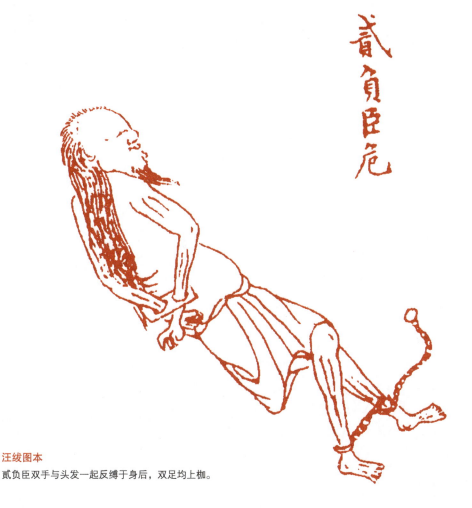

贰负臣危

汪绂图本

贰负臣双手与头发一起反缚于身后，双足均上枷。

但在途中这两个人都变成了石头人，不能动也不能言语。宣帝觉得很奇怪，便召集群臣询问，没有一个知道的。后来刘向回答说："这是黄帝时的贰负神和他的臣子危，他们犯了杀神的大罪，但黄帝不忍心杀死他们，便流放他们在疏属山中，还给他们套上枷锁。黄帝认为，如果后世有圣明的君主出现，就会把他们放出来。"宣帝不相信，认为刘向是在妖言惑众，要把他逮捕入狱。这时刘向的儿子刘歆站出来解救他的父亲，说："如果以少女的乳汁喂他们，他们就会复活。"宣帝便命人依言对这两个石人喂以少女的乳汁，结果他们果然又都重新复活，还能说话了。于是宣帝便问他们的来历，回答和刘向所说的一模一样。宣帝龙颜大悦，拜刘向为大中大夫，拜其子刘歆为宗正卿。

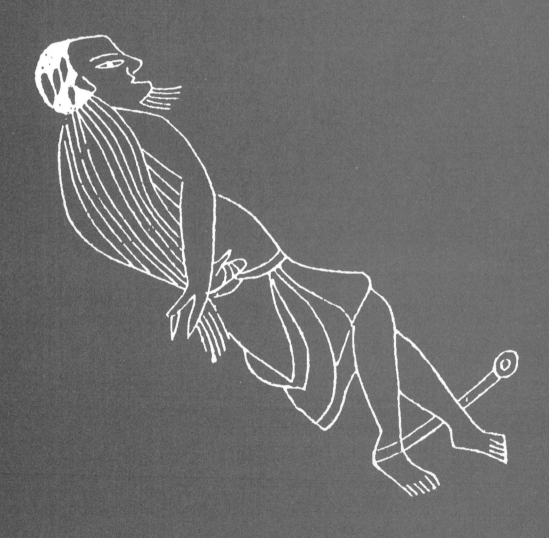

吴任臣近文堂图本

贰负臣双手与发反绑在身后，但只是右脚上枷。

危神圖

《神异典》图本

图中的危神，赤身裸体，被绑在树下。

开明兽

kāi míng shòu

　　昆仑山的南面有一个深达三百仞的水潭，那儿有一个像虎一样的威猛神兽，名叫开明兽。它长有九颗头颅，每个头上都长着人一样的面孔，身体像巨大的老虎，朝东站立在昆仑山的山顶上。巨大的昆仑山有九道门，开明神兽是昆仑山上黄帝帝都的守卫者。虎豹九关，说的就是天门有九重门，都有虎豹守着。

　　开明兽具有相当勇猛的性格，表情肃穆，始终瞪大眼睛环视昆仑，不让任何异常生物进入昆仑，保护了昆仑的和平、安宁。

　　《竹书纪年》则称开明兽是服侍西王母的灵兽，拥有洞察万物、预卜未来的能力。每当西王母和东王公出巡，开明兽就在前面引导，甚至亲自为主人驱动花车，因此得到了西王母的喜爱。

萧云从图本

把守天门的神虎，也就是开明兽。

开明

汪绂图本

开明兽是人面九首、虎身兽性神，九个脑袋大小相同，作三三等距离排列。

開明獸圖

《禽虫典》
开明兽，人面虎身，八个小脑袋围着一个大脑袋作不规则的排列，蹲坐在山洞里，似乎正在履行着把守开明门的神职。

凤皇

fèng huáng

凤皇是百鸟之王，祥瑞之神鸟。有文献记载它的样子是：头像鸡，脖颈像蛇，下巴像燕子，背像龟，尾像鱼，身高六尺上下，色彩斑斓，头上戴着一个像盾牌一样的东西。凤皇，亦作"凤凰"，古代传说中的百鸟之王。雄的叫"凤"，雌的叫"凰"，总称为凤皇，亦称为丹鸟、火鸟、鹍鸡、威凤等。常用来象征祥瑞。凤皇齐飞，是吉祥和谐的象征，自古就是中国文化的重要元素。

凤皇和龙的形象一样，愈往后愈复杂，最后有了麟前鹿后、蛇头鱼尾、龙文龟背、燕颌鸡喙，成了多种鸟兽集合而成的一种神物。自秦汉以后，龙逐渐成为帝王的象征，帝后妃嫔们开始称凤比凤，凤皇的形象逐渐雌雄不分，整体被"雌"化。

凤皇和龙一样，是源远流长的中国传统文化的一个组成部分。随着社会的进步，凤也成为民族文化的象征。在距今约六七千年前的中国原始彩陶文化中，就有凤形象的雏形。在距今三千五百多年前的商代青铜器上也出现了凤纹。以至在以后中国历代的装饰艺术中，都创造出许多以凤为题材的艺术珍品。这些以凤纹为题材的艺术作品是传统艺术的代表，反映了中华民族的审美趣味。

马山一号墓出土丝织品上的凤凰纹样
凤凰的纹饰很常见，通常都有吉祥的寓意。

　　近现代凤凰文化主要体现在大量的民间工艺品中，如蓝印花布、刺绣、木雕、石雕、砖雕及剪纸等。这些凤鸟纹饰，不仅富有鲜明的时代气息，同时也保持着中华民族传统的审美情趣。

　　凤凰也有许多类别，如《大荒西经》出现的鸣鸟和狂鸟，都是羽毛丰满、色彩鲜艳、擅长舞乐的吉祥之鸟，其实都是凤凰。

离朱

lí zhū

山东武氏祠汉画像《三头人》
山东武氏祠汉画像上的三头人，很可能就是神话当中的离朱。三头人实际上是三身连体人，两个人的下身相连，在连接的地方长出第三个人的身体。

　　昆仑山上有一种奇异的树，树上能长出珍珠般的美玉，十分珍贵。于是黄帝就派了一个名叫离朱的天神日夜守护着它。天神离朱是明目者，但是样子很怪，长着三个脑袋、六只眼睛，他的六只眼睛轮流看守着这棵珍贵的树。

海内西经

树鸟

shù niǎo

树鸟是开明南的一种鸟，对它的特征有各种不同的描述。

根据不同学者对原文的断句，对树鸟也有着不同的理解。清代郝懿行："开明南有树，鸟六首。"可见树鸟可能是一种六首鸟。袁珂的断句为："开明南有树鸟，六首。"还有一种说法认为"六首"与后文当中的"蛟"连在一起，合成"六首蛟"。

可见根据不同学者对《山海经》的断句不同，也会衍生出不同的神话形象。由此可见神话变异的一种方式。

蒋应镐图本
树鸟，身小尾长，正立于枝头。

六首蛟

liù shǒu jiāo

Legends of Mountains and Seas

蒋应镐图本
六首蛟外形像蛇，有四个脚，六个脑袋。

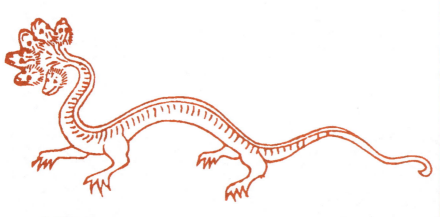

　　六首蛟是一种外形奇异的动物，蛇身蛇尾，四只脚，六个脑袋，是开明南一带的奇异动物。

　　民间视四足之蛟为龙，把其作为祥瑞、神圣的象征。

《吴友如画宝》
九江北岸广济县蛟龙出现的奇异景观，但见天际云雾缭绕处，蛟龙屈身摆尾，众人皆仰视讶然。

山海经神怪异兽全画集

Legends of Mountains and Seas

一第十二卷一

海内北经

《海内北经》的记载虽然也是杂乱无章，但是内容较为丰富，归纳起来大致有三个方面：一是奇异的国家，如国民外貌似狗的犬戎国。二是古怪的动物，如长得像老虎，生有翅膀的穷奇。除此之外，《海内北经》还记载了后世常见的西王母、舜妻登比氏等历史人物和神话传说。

海内北经 · 336

海内北经

蒋应镐图本　**蛇巫山一带**

蛇巫山上端坐着山神西王母；
天空中飞翔着为她取食的三青
鸟；脚边还有三足之鸟名三足
乌。戎国中，跪地女子正谦恭
地向自己的犬丈夫进献食物；
此国还有一种马，名吉量，善
奔跑。

逢蒙

páng méng

山海经神怪异兽全画集 下卷

Legends of Mountains and Seas

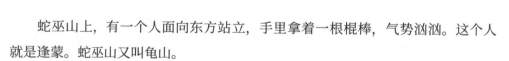

东汉画像砖拓本《弋鸟图》
这幅弋鸟图描绘的是古人射猎的场面。荷塘深处，一群大雁惊飞而起，岸边两人盘坐，拉弓弋射，情景紧张而真切，与《山海经》故事中后羿、逢蒙比赛较量的情节有惊人的契合。

　　蛇巫山上，有一个人面向东方站立，手里拿着一根棍棒，气势汹汹。这个人就是逢蒙。蛇巫山又叫龟山。

　　当年后羿在射日除害之后，收了逢蒙做学生，将自己所有的本领都教给了他。于是逢蒙的射艺开始突飞猛进，威名也传遍天下。

　　有一次，后羿和逢蒙比赛射箭，天空正好有一行大雁飞过。逢蒙连射三箭，三只大雁被射中，而天上的大雁受到了惊吓，四散乱飞。后羿也射出了三箭，三只大雁应弦落地，每只都是头部中箭。逢蒙看到这种情况，知道自己再勤学苦练也难以超越后羿，于是他对后羿的嫉恨越来越强，处心积虑地想要除掉后羿。

　　此后，逢蒙表面表现得老实恭顺，实际上心里却有了杀死后羿的打算。他用桃木做了一根棍棒，随身携带，说这样既可以用来打野兽，也可以用它来钩挑猎物。一次，他们二人去蛇巫山狩猎，后羿站在山脚下，仰头射天上的大雁。就在他搭弓箭瞄准的时候，逢蒙突然用木棒对准后羿狠狠抡去。此时后羿虽然有所察觉，但为时已晚，桃木棒正好重重地击中他的后脑。后羿无力反抗，颓然倒下。

　　后羿死后，其灵魂做了宗布神，统辖天下万鬼，叫邪恶的鬼不敢再害人。因为鬼的首领后羿是被桃木棒杀死的，所以鬼都怕见桃木，而民间也用桃木来避邪。

大行伯

dà xíng bó

　　有个神人叫大行伯，手握一把长戈。在他的东面有犬封国。贰负臣危之尸也在大行伯的东面。

　　据考"大行"本是官名，《周礼·秋官》中称"大行人"，汉称"典客"，景帝年间改名"大行"，《汉书·百官公卿表》下作"大行令"，武帝太初元年改名"大鸿胪"。张骞开拓西部厥功大矣，曾任此官。"大行伯"之称，源于时人对其丰功伟绩的缅怀，而"把戈"的形象，恰与张骞戎马生涯相吻合。

初唐　莫高窟第 323 窟《张骞出使西域图》
张骞出使西域图是一幅佛教史迹画，自魏晋以来，佛教徒为了传播佛
教，把张骞出使西域、霍去病获得匈奴人"祭天金人"的历史事件加以
篡改，从而提前了佛教传入中国的时间，来与我国本土的道教相抗衡。

蒋应镐图本　贰负神周边

贰负神为人面蛇身神。鬼国人
皆独目。那只狗形兽是蜪犬。
而那只虎形有翼兽名穷奇。天
空中飞着有毒的大蟇。山上还
奔跑着一只名阘非的人面兽。

贰负神

èr fù shén

蒋应镐图本
贰负神人面蛇身，就是原始天神的样子。

贰负是一个人面蛇身的天神，传说他曾经和他的臣子危无缘无故杀死了天神窫窳，黄帝为了惩罚他和危，就将他们反缚在疏属山下。

贰负神的外貌是人的面孔，蛇的身体，实际上就是天神最为原始的形态。

《神异典》
贰负神人面蛇身，
在树林间行走。

348

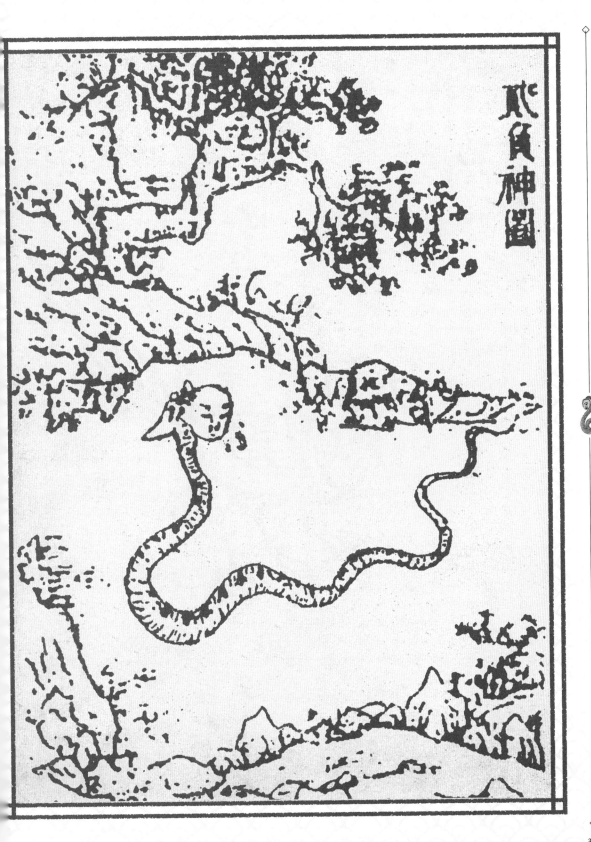

海内北经

三足乌

sān zú wū

蒋应镐图本
三足乌有三只脚，羽毛靓丽，嘴尖、尾长。

　　三足乌有两重身份。第一种身份，三足乌供西王母差遣，是为西王母取食的使者。在汉代的壁画或石像上，有很多西王母的画像，周围都伴有三足乌、九尾狐等侍者。第二种身份，三足乌可能是太阳鸟。《大荒东经》中有记载："一日方至，一日方出，皆载于乌。"这里的"乌"，指的就是"三足乌"。

河南洛阳卜千秋墓壁画《三足乌》

在此壁画当中，展现了西王母出行的阵仗，其中三足乌
是西王母的侍者之一。

犬封国人

quǎn fēng guó rén

　　犬封国也叫犬戎国，那里的人长得都是狗的模样。犬封国有一女子，正跪在地上捧着一杯酒食向人进献。犬戎国在今陕甘一带，立都于甘肃静宁县威戎（今静宁威戎镇）。

　　根据文献记载，犬戎族就是以白犬为图腾的西北最古老的游牧民族，属于西羌族，是炎黄先祖的近亲。早在炎黄时期，犬戎族就是炎黄族的劲敌。《后汉书》就有记载："昔高辛氏有犬戎之寇，帝患其侵暴，而征伐不克。"高辛氏就是黄帝的曾孙，尧帝的父亲。

畲族祖图
畲族将盘瓠奉为先祖，该图以叙事的手法描绘了盘瓠从出生到智取房王首级，再到娶妻繁衍犬戎国的过程。

　　据《后汉书》记载，到汉朝的时候，在原来犬戎活动范围内，出现了一个人口众多的西戎白狼国。白狼国人就是犬戎国人的后人，而白狼族就是崇拜白狼并以白狼为图腾的部族。白狼国的存在，也证明了犬戎所崇拜的白犬很可能就是白狼。

汪绂图本
汪本的犬戎国人，为一裸身男子，从其形体上，可以看出其身材矮小的特征来。

鸟山石燕作品《犬神白儿》(右图)
传说被狗咬死的儿童死后的冤魂会服侍狗的灵魂。鸟山石燕的画中，一穿衣戴帽的犬神态傲慢地端坐着，旁边一女童表情谦恭地伏在地上挥笔抄写着什么。这一画面和《山海经》中记载的犬戎国的情景非常相似。

　　据史书记载，犬戎的母族——古羌族也崇拜犬图腾。《资治通鉴》第一百九十卷中讲：在唐朝初年有"白简、白狗羌并遣使入贡"，而且，唐还"以白狗等羌地置维、恭二州"。因此，以上所说的"犬戎""白狗"和"白狼"等族都是西羌族。由此可以断定，西羌族是以白狼或白犬为图腾的游牧民族。所以今天蒙古族和羌族中崇拜狼图腾的部族全是犬戎的后代。

○ ○
いぬ
白　犬うみ
児　神
あ
っ
ち
で

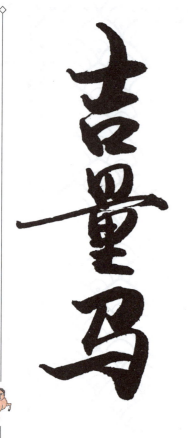

jí liáng mǎ

吉量马

　　犬封国有一种白色身子、红色鬃毛、双目闪烁金光的神马，叫吉量马。它的毛色雪白，长鬃火红，眼睛像黄金一样闪闪发光，头到尾长一丈，蹄到背高八尺。据说乘坐此马，可获千年之寿。

guǐ guó rén

鬼国人

《边裔典》
图中的鬼国之人，造型十分奇特，人面蛇身，
一横目长于脸面正中，配上巨鼻阔嘴，与鬼
国的名字刚好相配。

　　鬼国位于贰负神尸体的北面，那里的人脸上都只长着一
只眼睛，这只眼睛长在脸的正中位置，加上巨鼻宽口，使得人
人看起来都相貌恐怖。鬼国的人都长着人的面孔、蛇的身子，
贰负神的尸体在它的东面。

蒋应镐图本

鬼国人长着一只眼睛，眼睛在脸的正中间位置。

蛐犬

táo quǎn

蒋应镐图本
蛐犬是一只肥硕的大狗，一脸来者不善的表情。

　　蛐犬的形体和一般的狗类似，但是双目圆瞪、宽脸大嘴、嘴巴上卷，浑身毛皮都是青色，看起来很凶恶。蛐犬是一种可怕的食人兽，它吃人的方法很有特点，都是从人的头开始吃起。蛐犬是一种灾祸之兽，古人认为"鬼神蛐犬，主为妖灾"。

大逢

dà fēng

蒋应镐图本

大逢腹大如壶，会让人中毒而死。

有一种大逢，形状像螽斯，其实就是大蜂。传说大逢的腹部大如水壶，里面装满了毒液，蜇人后人就会中毒而死。在《楚辞·招魂》和郭璞的《图赞》中均有关于大逢的记载，都说这是一种身躯硕大、气势凌厉的物种，非常奇异。

萧云从图本

大逢，身体硕大、气势凌厉。

蟜

jiǎo

蟜是一种奇特的动物，长着人的身子，身上却有着老虎一样的斑纹，还有强健的小腿，据推测它们善于奔跑。它栖息在穷奇的东面。另一种说法认为蟜的外形像人，是昆仑山北面所独有的。

阘非

tà fēi

蒋应镐图本
阘非，人面兽身，四足似牛，尾巴似狸，正在山上奔跑。

阘非是一种人面兽，长着人的脸孔，而身子却是野兽，浑身青色。

蒋应镐图本 据比尸生活的周边环境

天神据比的尸体只有一只手臂，脖子也被折断了。环狗国人皆是狗头人身。袜是一种非常可怕的恶鬼，那个竖眼人便是。而那个头上长三只角的人是戎国人。林氏国内有种形如骏马的怪兽是驺吾。

据比尸

jù bǐ shī

《永乐大典》图本

此图是至今为止所见最早的两幅山海经图之一。图中，据比尸折颈披发，无左手，右手向前伸举。

据比，也被称为诸比。据比本来是天神，但是被杀之后，灵魂始终都没有死，所以被称为据比尸。据比尸的样子惨不忍睹，脖子已经被折断了，脑袋耷拉在后面，披散着头发，一只手也不知去向。

環狗

环狗国人

huán gǒu guó rén

汪绂图本
环狗国人长着狗的脑袋，身体和手脚与人相似，肌肉异常发达。

  环狗国的人都长着狗的面孔，而身子和手脚却生得和常人无异。又有书中记载他们是刺猬的样子而又像狗，全身是黄色的。

  环狗国应该是以狗为信仰的一类族群，类似于犬戎国。

mèi

汪绂图本
袜的身形似人，黑发披
肩，眼睛和眉毛都是竖
着生，样子很可怕。

　　袜即魅、鬼魅，是一种山泽中的饿鬼。这种怪物样子很可怕，其身形似人，
脑袋为黑色，脸上的眼睛和眉毛都是竖着的，整日赤身裸足，只在腰间围一条毛
皮。眉目竖长是它最大的特征。对付他们，要请出十二神兽中的雄伯兽。

　　在民族文化史和文化学上，竖目是一种象征符号，是氏羌某些族群的标志。
所以说袜可能有着古代纵目族群的背景。

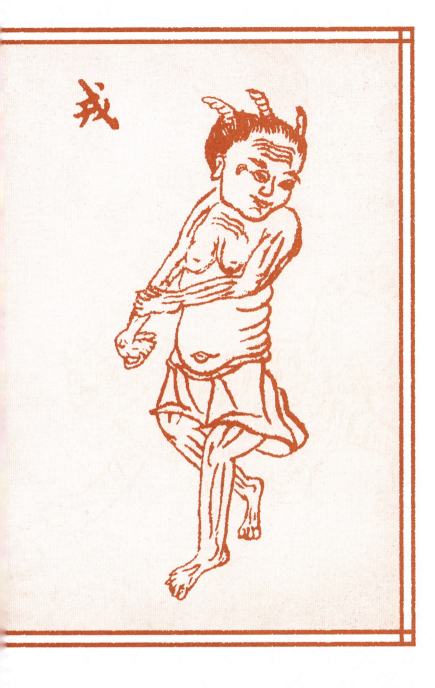

戎国人

róng guó rén

汪绂图本

戎国人头上有三只角，
特征非常明显。

　　戎是古代的一个族群，后来成为古代少数民族的泛称，人们把居住在西部的少数民族称为西戎。戎国的人长着人的头，头上还长有三只角，赤身裸足，系围腰，生活在崇山峻岭之中。传说戎国又叫离戎国。

　　神话中的戎是脑袋上长出三只角的奇人，但是从民族学的角度来看，这是一种非常普遍的习俗。古代的民族在驱傩（nuó）送鬼的时候，在头上或帽子上都会加上动物的角作装饰，特别是使用"三"这个数字，包含着原始信仰的含义。

驺吾

zōu wú

胡文焕图本
驺吾是一只带斑纹的猛虎，尾长及腰。

　　林氏国有一种珍奇的野兽，其大小和老虎差不多，毛皮上有五种颜色的斑纹，尾巴比身子长，名字叫驺吾，也作"驺虞"，据说骑上它就可以日行千里。驺吾是一种仁德忠义之兽，外猛而内威。它从不践踏正在生长的青草，而且只吃自然老死的动物的肉，非常仁义。同时驺吾还是一种祥瑞之兽，当君王圣明仁义的时候，驺吾才会出现。

驺吾

汪绂图本

驺吾形似猛虎，桀骜强悍。

冰夷神

bīng yí shén

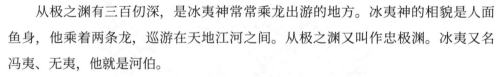

从极之渊有三百仞深，是冰夷神常常乘龙出游的地方。冰夷神的相貌是人面鱼身，他乘着两条龙，巡游在天地江河之间。从极之渊又叫作忠极渊。冰夷又名冯夷、无夷，他就是河伯。

古时候，在华阴潼乡有个叫冯夷的人，一心想成仙，于是就到处去找水仙花。当时的黄河还没有固定水道，有一次，他走到河中间的时候，河水突然涨了，于是他被活活淹死。

冯夷死后，恨透了黄河，到玉帝那里去告黄河的状。玉帝听说黄河到处横流撒野，危害百姓，很是恼火。他见冯夷已吮吸了九十九天水仙花的汁液，也该成仙了，便让冯夷去当黄河水神，治理黄河。但是冯夷浪荡风流，要求人们每次祭祀他的时候都要给他敬献一位美女，这样他才保佑来年不发大水。

英雄后羿听说河伯竟向人间索要美女，还经常在人渡河的时候将人拉下水溺

蒋应镐图本

冰夷神身着官服，端坐于龙车上，在云水之间恣意遨游。

死，于是便决心除掉河伯。他在水边等了几天几夜，当时河伯化身为白龙，在水边游弋，正好被等候多时的后羿见到，后羿一箭射中了白龙的右眼。

河伯痛不欲生，便上天面见天帝，说："请你为我报仇，杀掉后羿！"天帝问道："你为什么被他射到了呢？"河伯回答说："我当时变成白龙出水游玩，正好被他看到。"天帝便批评河伯："如果你安分守己待在你的深渊中，后羿如何能射得到你？现在你浮出水面，就跟虫蛇鸟兽一样，他射你也是应该的，他又有什么罪呢？"河伯无言以对，只得作罢。

山海经神怪异兽全画集 下卷

Legends of Mountains and Seas

萧云从图本

画面中的白龙为河伯所化，他因为作恶多端被后羿一箭射中右眼。

大蟹

dà xiè

汪绂图本
大蟹身广千里，举起它的螯比山还高。

海内北经

　　大蟹生活在海里，身广千里，举起它的螯比山还高，所以只能生活在水中。有人曾经在海里航行，看到一个小岛，岛上树木茂盛，于是便下船上岸，在水边生火做饭。饭才做到一半，就看见岛上的森林已经淹没在水中，于是急忙上船砍断缆绳，划到远处才看清，原来刚才的岛是一只巨大的螃蟹，森林就长在它的背上，可能是生火的时候误将它灼伤，才迫使它下沉。

蒋应镐图本　列姑射山一带

列姑射山是海中神山，乃神仙居住的地方。大海中，生活着一种巨蟹名大蟹，还有一种叫陵鱼的人面鱼。海面上缭绕的云端，还矗立着海上仙境蓬莱阁，一些得道神仙会聚集于此。

陵鱼

líng yú

汪绂图本
陵鱼做人状，人面鱼身有角，人手人足，
且双足如人般站立。

陵鱼长着人的面孔，而且有手有脚，但身子却像鱼，生活在海中。传说陵鱼一出现，就会风浪骤起。有人认为陵鱼就是人鱼，又叫鲛人。她们都是些美丽的女子，生活在水中，仅

郝懿行图本
陵鱼有人手人足，呈站立状。

在水中觅食，皮肤洁白如玉石，长发乌亮如黑缎。眼中流出来的泪水会变成晶莹璀璨的珍珠。她们能像陆上生活的少女一样纺纱织布。传说有一天，一个鲛人从水中出来，隐去鱼尾，寄住在陆上一户人家中，天天以卖纱为生。在将要离开的时候，她向主人索要了一个容器，对着它哭泣，转眼就成了满盘珍珠，以此来答谢主人。

山海经神怪异兽全画集

Legends of Mountains and Seas

一第十三卷一

海内东经

《海内东经》分为两个部分：前半部分主要介绍了中国东部从河北到浙江一带的国家、山名、地名、神名，后半部分着重介绍了岷江、浙江、淮河、渭河等著名河流的发源地、流向、流经的地域。

海内东经 · 380

蒋应镐图本
雷神及其生活环境

雷神长有龙身、人头和一副鸟嘴，时常在雷泽中游戏玩耍。据说只要他一拍肚子，就会发出轰隆隆的雷声。

雷神

léi shén

　　雷泽在吴国的西部，也就是今天山东省的菏泽市。雷泽中住着一位雷神，他长着龙的身子人的头，时常在雷泽中游戏玩耍。他喜欢拍打自己的肚子玩，而且一拍肚子，就会发出一阵轰隆隆的雷声。

　　古人对打雷这种自然现象不了解，因此演化出一系列有关雷的传说。在古代中国，雷神的形象是不断演变的。最初，人们把它塑造成人头龙身的怪物，后来又渐渐变成尖嘴猴脸的形象，并逐渐定型。

　　雷泽西岸有一条雷河（今属菏泽市牡丹区辛集镇），华胥国的人民都聚居在雷河两岸。那时的雷神是一个人，当他不顺心时，就拍打自己的肚子，雷河上就浊浪滚滚，汹涌起伏。要

吴任臣康熙图本

雷神是人面龙身，有鸟嘴，基本是鸟形雷神。

是雷神震怒，河水就变得恶浪滔天，人们对此毫无办法。有个华胥姑娘去雷神殿堂找雷神评理，她的胆大和直率感动了雷神。雷神让华胥姑娘嫁给他，为了华胥国的安危，华胥姑娘答应嫁给了雷神。一年后，华胥姑娘给雷神生了个儿子，雷神非常高兴，脾气也越来越好，从此雷神只在农时节气打雷闪电，行云布雨。于是雷河两岸从此风调雨顺，五谷丰登。

经年累月，华胥姑娘非常想念家乡，于是就把儿子放在葫芦上顺水而下，让他回到华胥国。他的姥姥看见他乘葫芦而来，因此给这个外孙取名伏羲，按华胥国方言，伏羲与葫芦谐音。伏羲长大后，看见蜘蛛织网发明了网，用网在水里可以捕鱼，在林中可以捕鸟。因发明熟食，人们称他为庖牺，意为他是最好的厨师。伏羲想念母亲，就在都广登建木天梯上天庭看望母亲。天帝听了雷神的禀告，就封伏羲为华胥国国君（实为华胥部落首领），人间之王。华胥氏也就是五氏之一。

中国古代先民对雷神的信仰源于对雷电的自然崇拜。在远古时代，气候变化无常，晴朗的天空会突然乌云密布，雷声隆隆；雷电有时会击毁树木，使人畜丧命。于是人们认为天上有神在发怒，进而产生恐惧感，对之加以膜拜。在中国人的理念中，雷神是惩罚罪恶之神。人如果做了坏事或违背誓言，就有可能遭五雷轰顶死去。神的形象也从单纯的自然神逐渐转变为具有复杂社会职能的神。中国民间把雷神的生日定在农历六月二十四日，这一天要举行祭祀仪式，寄托了中国劳动人民一种祛邪、避灾、祈福的美好愿望。

在道教神话中，记载了许多各种级别的雷神，最基层的是"雷公"，上一层的是普通的"雷神"，再上层是"雷王"。传说雷王出生在广东省的雷州半岛，名叫陈文玉，后来成为神仙。道教中级别最高的雷神是"九天应元雷声普化天尊"。"天尊"在道教神仙中属于最高级别，"普化天尊"是所有雷神的总司令。

汪绂图本

雷神是人面龙身，有一副鸟嘴其尾如闪电。

Legends of Mountains and Seas

山海经神怪异兽全画集

一第十四卷一

大荒东经

《大荒东经》所记载的地理位置与《海外东经》相同，大概在今天我国的东北部地区。《大荒东经》所记叙的内容丰富但是很杂乱，大多内容与《海外东经》重复，如大人国、君子国、青丘国、黑齿国、汤谷等都在海外经中提到过。这些重复的内容可能是竹简散落错排所致。除此之外，《大荒东经》内容更加丰富，还提到了一些历史人物和神话传说。如：有易国君杀王亥，应龙、夸父等。

大荒东经 · 388

大荒东经

蒋应镐图本　王亥
生活的周边环境

波谷山中，有个大人国，其人身
材高大；还有个小人国，国人身
材矮小。山岭上站着的人面兽身
神名犁䰲尸。招摇山上有个因民
国，国内有民叫王亥，就是双手
操鸟的那个人。还有座孽摇𣴝山，
山中有汤谷，那是太阳起落的地
方，日升日落都是由三足乌来运
送。又有一个名奢比尸的神，他
人面兽身，两耳珥蛇。还有美丽
的五采鸟，正立于水旁。

小人国人

xiǎo rén guó rén

蒋应镐图本
小人国人身材矮小、赤身长发、面有胡须，拱手屈腿。

　　大人国的人身长有数丈，但是小人国的人身长只有九寸。他们的身材都比较矮小，类似我们现在所见的侏儒一类。小人也被叫作靖人、净人、诤人。小人国的人在绘本中，都是一排小人的形象出现，这样越发显得他们身形矮小。

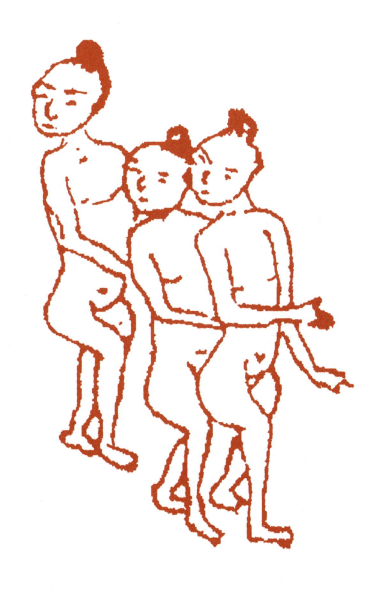

汪绂图本

小人国人，赤身裸体、身材矮小，
如三个幼童一般站在一起。

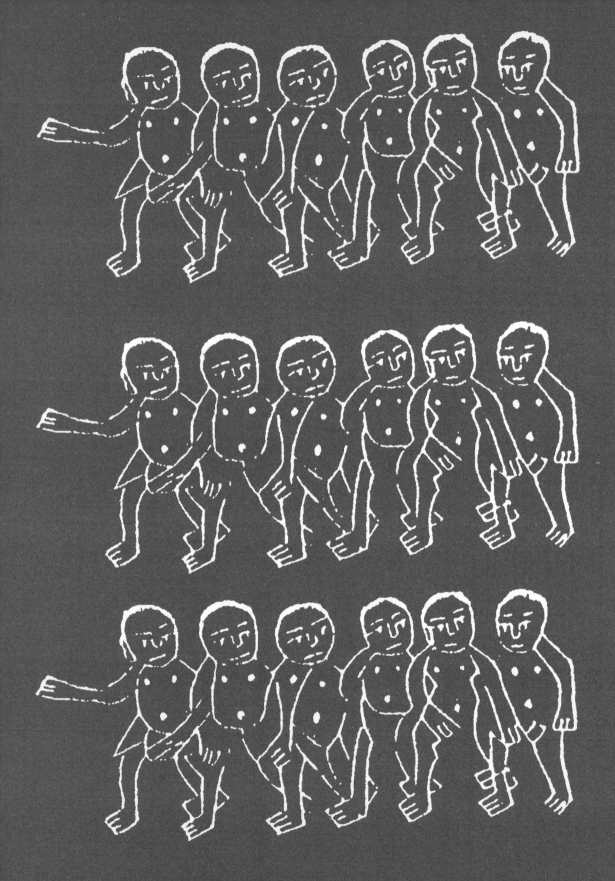

吴任臣近文堂图本

小人国人，身长九寸，六个小人并排站在一起。

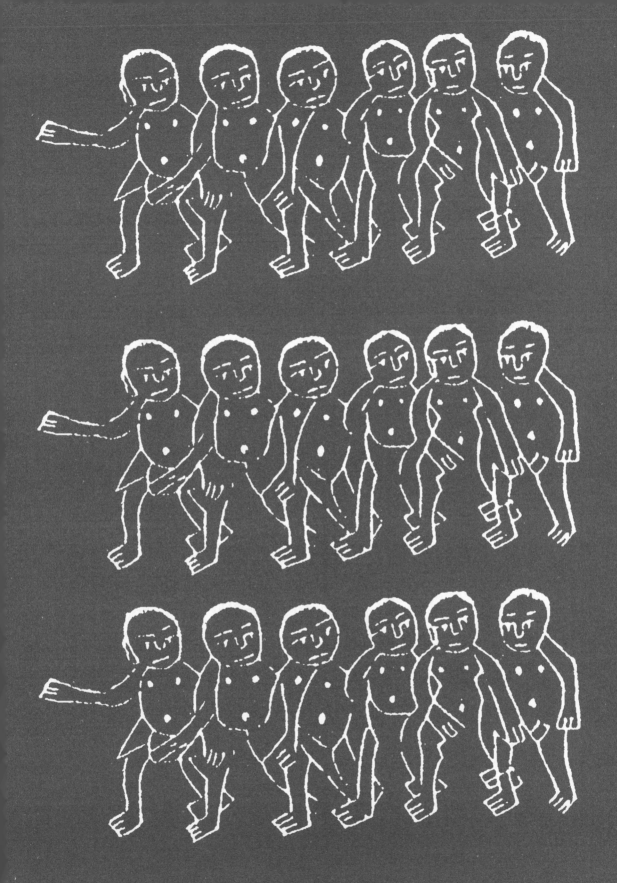

犁䰿尸

lí líng shī

汪绂图本
犁䰿尸是兽形神，人面兽身，浑身的毛非常重，足爪尖利，蹲坐在地上。

　　犁䰿本来是一个人面兽身的天神，浑身都被长毛所覆盖。他被杀之后，灵魂始终没有死，于是就变成了犁䰿尸，继续在山岭上活动。犁䰿尸浑身被长毛覆盖，系披肩和围腰，双脚站立。

蒋应镐图本

犁䰣尸为人面兽身，浑身有毛，系披肩围腰，双手抱拳，双足作站立状。

苪国人

wéi guó rén

苪国的人都以黄米为食物，还能驯化驱使四种野兽：老虎、豹子、熊和罴。

舜还是庶人的时候，曾居住在妫水河畔，苪国的国民就是他的后裔。舜曾经与豹、虎、熊、罴四种野兽争夺神位，四兽均不能取胜，最终臣服于舜，供他驱使，所以舜的后裔苪国国民都有驱使豹、虎、熊、罴四种野兽的本领。

中容国人

zhōng róng guó rén

　　大荒之中还有一个国家叫中容国。帝俊有中容、晏龙、黑齿、季厘等才子八人，中容国的人就是帝俊之子中容的后裔。他们平时吃野兽的肉和树木的果实、叶子，中容国盛产赤木、玄木，其树叶、果实都味道鲜美，而且吃了之后就能成仙。中容国的人也能驯化驱使四种野兽：豹、虎、熊、罴。

司幽国人

sī yōu guó rén

　　大荒之中还有个国家叫司幽国。帝俊生了晏龙，晏龙生了司幽，司幽生了思土，而思土不娶妻子；司幽还生了思女，思女也不嫁丈夫。思土和思女就是司幽国的祖先。

　　在司幽国里，男不娶女不嫁，双方只要凭感觉意念就可以相互通气受孕，所以他们不互婚也能生下孩子。司幽国的人吃黄米饭，也吃野兽的肉，也能驯化驱使豹子、老虎、熊、罴等四种野兽。

折丹

zhé dān

汪绂图本
折丹穿一身长袍，口吐仙气，好像预示着春风的来临。

在东边的大荒之中，有三座高山，分别叫作鞠陵于天山、东极山、离瞀山；这里也是太阳和月亮升起的地方。有个天神生活在这里，名叫折丹，东方人单称他为折。从东方吹来的风被称作俊风，正月时常有东风，预兆着春天的来临，所以人们也称俊风为春月之风。折丹就处在大地的东极，主管俊风的起与停。

禺䝞

yú guó

汪绂图本
禺䝞是人面鸟身，头上和脚底还各缠绕着两条蛇。

在东海的岛屿上，住着一位天神，他长着人的面孔、鸟的身子，耳朵上穿挂着两条黄蛇，脚底下也踩踏着两条黄蛇，他名叫禺䝞。黄帝生了禺䝞，禺䝞生了禺京。禺䝞住在东海，禺京住在北海，他们都是统治一方的海神。

因民国人

yīn mín guó rén

　　大荒文中，还有个国家叫因民国，那里的人都姓勾（同"句"（gōu），以黄米为食物。

　　据考，勾姓出自于官名，即远古时期少昊的儿子重曾任句芒官，他是五行神之一，为木正，主管树木。重的后代就用他的官名"勾"作为自己的姓氏，今写作句姓。所以因民国可能与句芒有一定的渊源。

wáng hài

　　王亥是殷族的高祖，是畜牧之神，以擅长训养牛著称。在上古时期，牛既是农耕的重要工具，又是祭祀时必备的祭牲，非常重要。所以饲养牛、训牛的神的地位非常高，他们的职责也非常重要。

　　王亥和其弟王恒喂养了大批牛羊，并把它们托寄给北方的有易和河伯看管。王亥、王恒初到有易国时，受到了有易国国君绵臣的热情招待。酒席间，王亥双手持盾起舞，舞得十分精彩，结果竟引起了绵臣妻子的爱慕。在其弟王恒的掩护下，二人当晚就发生了淫乱之事。

　　这事最后还是被绵臣知道了，他十分震怒，一气之下杀了王亥，并将其大卸八块。前文《海内北经》中的王子夜尸描述的就是王亥被分尸的惨状。后来王亥的兄弟王恒向绵臣求饶，得到了牛，当即就返回国中。

蒋应镐图本
王亥左右手各执一鸟，正在食用左手中的鸟头。

汪绂图本
王亥双手捧一鸟，正将鸟头送入口中。

　　殷王上甲微知道王亥一事之后，就兴师讨伐有易，并要河伯也一同征讨，河伯不得不从。弹丸之地的诸侯国有易不是殷的对手，没几天便被殷王所灭，国君绵臣被杀。这场战争过后，王亥大仇得报，而有易国境内也回到了一片荆棘的原始荒芜状态。

　　河伯原来和有易的关系很好，这次不得已助殷王征讨有易，心中不忍，便帮助有易的遗民潜逃，把他们变成了另一个长着鸟足的民族，在一个遍地禽兽的地方建立了一个以兽为食的国家，就叫作摇民国。摇民又叫因民、嬴民，是秦国人的祖先。

　　古人也认为，帝舜生了戏，戏的后裔就是摇民。

wǔ cǎi niǎo

五采鸟

汪绂图本
图中有两只五采鸟相对而望，静中有动，
神情逼真。

　　有一群长着五彩羽毛的鸟，是和凤凰一样的祥瑞之鸟。它们两两相伴，翩翩起舞，天帝帝俊从天上下来和它们交友。帝俊在下界的两座祭坛，就由这群五采鸟掌管着。

　　猗天苏门山附近有个国家叫䜻民国。国境内有綦山、摇山、𥯕山、门户山、盛山、待山等山峰。山上也同样有一群五采鸟蹁跹起舞。

wǎn

汪绂图本
鵷面貌像人，左手边为日，右手边为月，说明了他的职责。

　　大荒还有个国家叫女和月母国。那里有一个神名叫鵷，从那里吹来的风称作狫（yǎn）。神人鵷就处在大地的东北角，以便控制太阳和月亮，使它们不要交相错乱地出没，并规定它们升起落下时间的长短。

应龙

yìng lóng

　　在远古神话当中，应龙是雨神，住在南方。它是黄帝的神龙，在黄帝与蚩尤的战争当中，它杀了蚩尤和夸父，立下了赫赫战功。但因此它再也不能回到天上。天上没了应龙兴云布雨，下界从此年年干旱。于是人们一旦遭遇干旱天气，就装扮成应龙的样子求雨，天帝看到这种情形，往往可以满足人们的愿望，降下甘霖。后来在大禹治水的时候，应龙又在前面用龙尾在地上画出河道，引导洪水流向大海。相传殷初商汤看到肥遗蛇，结果招致长达七年的旱灾，后来商汤便模仿应龙的样子做了一条土龙来求雨，过不多时，天空果然阴云密布，霎时间便大雨滂沱，从而结束了七年之旱。

　　应龙是龙中的最神异者，蛟千年化为龙，龙五百年化为角龙，角龙再过千年才化为应龙。应龙还是吉祥的象征，大量出现在汉代的画像和石像上，充当驱邪逐魔的角色。

應龍

汪绂图本
应龙造型非常独特，头部在侧面，身子
缠绕在一起，好像在空中盘旋。

夔

kuí

山海经神怪异兽全画集 下卷

Legends of Mountains and Seas

东海中的流波山上栖息着一种神兽，它的形状像普通的牛，身上的毛皮青苍色，却没有犄角，仅有一只蹄子。它出入海水时就一定有大风大雨相伴随，并发出如同太阳和月亮的光芒，吼叫起来的声音就如同雷鸣。这种神兽名叫夔。

黄帝曾经得到它，用它的皮蒙鼓，再拿雷兽的骨头敲打这鼓，响声能传到五百里以外，威震天下。相传黄帝与蚩尤在逐鹿大战时，玄女为黄帝制作了夔牛鼓八十面，每面鼓声震五百里；八十面鼓齐响，声震三千八百里，威风至极。当时蚩尤铜头铁臂，能吃石头，飞空走险，无往不利，可是黄帝用夔牛鼓连击九下，蚩尤竟然被震慑住，再也不能飞走，最终被黄帝捉住杀死。

蒋应镐图本
夔，形似牛，独有一后足，安立于椭圆形光环之中，目光如炬。

夔

汪绂图本
夔，身似猪而不像牛，长着牛尾和牛蹄，独立
于海浪之上。全身都沐浴在光环当中，表示其
光如日月。

湖南长沙陈家大山 人物龙凤帛画（右图）
图中的人物龙凤帛画上，图的左侧即为夔龙。夔是神
兽，关于它的外形有各种说法，有说它是一足的，也有
说它像图中一样是两足的。

山海经神怪异兽全画集

Legends of Mountains and Seas

| 第十五卷 |

大荒南经

《大荒南经》中包含了许多奇异的内容，不死国和小人国是其中颇有意思的；闻名后世的『后羿射日』也出自此经，其中十个太阳的母亲羲和，经常为太阳们洗澡并监督他们轮流到天空值班的故事更是让人感动。

大荒南经 · 420

大荒南经

蒋应镐图本 黑水一带

南海之外，赤水之西，流沙之
东，有一种双头兽名跊踢。山
巅上还有一只张望的三身怪鸟，
叫双双。黑水南岸栖息着一种
名玄蛇的大黑蛇。另有一座巫
山，山上有形如巨鹿的塵。大
荒之中还有座不庭山，山上住
着三身国的人。

跂踢

chù tī

跂踢

汪绂图本
图中的跂踢，头和身子都像马头、马身，两个头
分别长在左右两侧。

在南海之外、赤水之西、流沙之东，生活着一种野兽，
它的脖子左右分开，两边各长着一个狗头，四只眼睛都专注地
看着前方，其名称是跂踢。传说跂踢就是述荡，其手腕和脚腕
上的肉鲜美无比。《吕氏春秋·本味》中记载，楚人喜欢食用

趹踢，长得像狗，但是尾如猪尾，四目均注视着前方。

各种奇珍异味："肉之美者，猩猩之唇，獾獾之炙，隽触之翠，述荡之掔，旄象之约。流沙之西，丹山之南，有凤之丸，沃民所食。"其中的"述荡之掔"就是趹踢的手腕或脚踝上的肉。楚人可以说是无所不吃，享受了各种人间美味，现在人们吃肉的时候也喜欢吃动物身上经常活动的部位，因为这些部分的肉口感独特，有嚼劲。

双双

山海经神怪异兽全画集 下卷

Legends of Mountains and Seas

shuāng shuāng

蒋应镐图本
双双是三鸟合体，就是三只鸟的身体合在一起形
成的一种新的动物。

　　在跂踢的附近有一种长相奇怪的野兽，它是由三只青色的野兽
合并在一起，有三个身体和三个头，名字叫双双。虽然这种奇兽身
体连在一起，却各自有独立的心志，但由于它们身体相连，只能同
行同止。双双也被认为是三青鸟的合体，在一个身子上生着两个头，
尾部有雌雄之分，所以一只双双鸟便是一对夫妇。它们双宿双飞，
常被用来象征爱情。

郝懿行图本

双双是多体合一的奇鸟或奇兽。

玄蛇

xuán shé

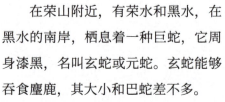

　　在荣山附近，有荣水和黑水，在黑水的南岸，栖息着一种巨蛇，它周身漆黑，名叫玄蛇或元蛇。玄蛇能够吞食麈鹿，其大小和巴蛇差不多。

　　玄蛇常常出没于巫山，巫山是天帝存放不死之药的地方，玄蛇有时候还会偷食仙药，所以有黄鸟专门在此看守玄蛇。

蒋应镐图本
玄蛇伸头吐信，双目圆睁，一副要吞食的样子。

黄鸟

huáng niǎo

有一座山叫巫山，天帝的不死之药就藏在巫山的八个斋舍中。在巫山的西面栖息着黄鸟。黄鸟监视着玄蛇，不让它偷吃黄帝的不死之药。麈喜欢吃药草，玄蛇捕食麈，黄鸟又监管玄蛇，三者一物降一物，是相互制衡的关系。

现代也有黄鸟，就是黄莺、黑枕黄鹂，以昆虫、蚜虫或植物的果实和种子为食。它最大的特点是声音婉转动听，从外形上看与《山海经》中的黄鸟很像。

皇黄鸟

《尔雅音图》

图中所绘两只黄鸟，一只立于树干上，仰头鸣叫，另一只在空中飞旋。

黄鳥

《三才图会》

图中的两只黄鸟都立于树枝上，似在对唱。

luǎn mín guó rén

卵民国人

　　成山是甘水流尽的地方，在这里有个国家叫卵民国，其国民都产卵，孵化自己的后代。

　　胎生和卵生是动物繁殖的两种主要方式。卵生指的是新个体在母体中以卵的形式存在，脱离母体之后再破壳而出。胎生指的是胚胎在母体里发育，直接产出胎儿。在自然界中，鱼类、鸟类、爬行类、两栖类动物大多是卵生，更高级的动物是胎生。可以说胎生是一种比卵生高级的繁殖方式。卵民国以这种相对低级的方式繁衍后代，存活率较低，很可能消失。

蒋应镐图本　宋山附近

南海的岛屿上，有位天神名不廷胡余，他双耳贯蛇、双脚踏蛇。宋山上那个长着虎尾的怪神是祖状尸。焦饶国，又叫小人国，那里的人只有三尺高。而那个在水中捕鱼的有翼人是讙头国之民。

不廷胡余

bù tíng hú yú

在南海的岛屿上，住着一位天神，他身材高大，长着人的面孔，耳朵上穿挂着两条青蛇，脚底下踩踏着两条红蛇。他双手握拳，威武地立于山海之上，四周有祥云环绕。这位天神名叫不廷胡余，是南海渚中的海神。那四条蛇正是海神的标志，同时也是他作法的工具。

《山海经》中出现的四海之神分别是：东海之神禺䝞、南海之神不廷胡余、西海之神弇兹、北海之神禺彊。这四神的形象大同小异，大都是人面鸟身，耳朵上戴着蛇，脚下踩着蛇。

汪绂图本
不廷胡余人面人身，围着短围裙，双耳贯蛇，双足践蛇。

因因乎

yīn yīn hū

汪绂图本
因因乎，身着长衫，口吐清风。

　　有个天神名叫因因乎，南方人称他为因乎。天神因因乎栖息在大地的南极，主管风起风停。从南方吹来的风称作民。他的外貌与人无异，一身青袍，潇洒地立于云端。他轻呼一口气，便形成了风。

季厘国人

jì lí guó rén

山海经神怪异兽全画集 下卷

Legends of Mountains and Seas

汪绂图本
季厘国的人，居住在阴山中，生食野兽的肉。

　　季厘是帝俊的子嗣之一，平时生食野兽之肉，狂吞一顿。
重阴山中居住的人都是季厘的后裔，因此这里被称为季厘国。

蜮民国人

yù mín guó rén

汪绂图本
蜮民国人正在射杀毒虫蜮，他们以这种
毒虫为食，可见其天赋异禀。

在蜮山中有个蜮民国，这里的人姓桑，以黄米和蜮为食。因擅长射杀蜮，所以又被称为蜮人。

蜮又名短狐、射工、水弩，是一种毒性很强的虫，生长在江南山溪中，其样子与鳖类似，有三只脚，体长约两寸。它口中长有弩形器官，能够喷出毒气射人，被射中的人，轻者生疮，重者致死，人们往往将它和鬼相提并论。而蜮民国的人不但不怕蜮，还以蜮为食。蜮民国的人还经常拉弓射杀黄蛇，他们能杀死这些有剧毒的动物，可见个个都身怀绝技。

育蛇

yù shé

汪绂图本
育蛇盘在枫木上，全身都是红色。

有座山叫作宋山，山上栖息着一种红颜色的蛇，名叫育蛇。山上还生长着一种树木，名叫枫木。蚩尤被黄帝捉住后，手脚上都被戴上了枷锁、镣铐。之后黄帝在黎山将蚩尤处死，其身上的枷锁、脚镣被丢弃在这里，后来就变成了枫木。

育蛇和枫木都是红色的，不禁让人联想到，是不是因为育蛇在枫木下待的时间太长，所以才变成了红色。

zǔ zhuàng shī

祖状尸

汪绂图本
祖状尸大致与人无异，只是身后长着老虎的尾巴。

　　有个神人牙齿呈方形，身后还长着一条老虎的尾巴，名叫祖状尸。他是人虎同体的天神祖状被杀之后的尸象。它的灵魂始终没有死，以尸的状态继续活动。相传天神祖状生前以虎肉为食，所以他应该很擅奔跑，能捕杀老虎等猛兽。

441

昆吾

kūn wú

昆吾是古代的一位英雄，名叫樊，号昆吾。

火神吴回的儿子陆终娶于鬼方氏之妹为妻，称她为女嬇。女嬇怀孕三年都没有生产。最后将其左胁剖开，生下了三个孩子；将其右胁剖开，又生了三个孩子。第一个名樊，就是昆吾；第二个名惠连，就是参胡；第三个名铿，就是活了八百年的彭祖；第四个名求言，又叫郐人；第五个名晏，是曹姓的祖先；第六个名季连，是芈姓的祖先。

昆吾氏是陶器制造业的创立者，《说文解字》中记载："昆吾，圜器也。"昆吾本身就是壶的别称。

昆吾氏的古姓为"己"，后代繁衍能力发达，现代姓氏中的许多大姓皆源于此。譬如"吾"字古音与"吴"通，所以又有一部分吾氏改用"吴"而成为后世吴氏的一支。昆吾氏首领许由是尧时期的名臣，因拒绝接受尧的禅位，而躲于深山，他的后代即为"许"姓的先人。其他如苏、樊、昆等姓氏皆来源于昆吾氏。

羲和

xī hé

在东海之外，甘水之间，有个羲和国。这里有个女子名叫羲和，她常常在甘渊中给她的儿子太阳洗澡，甘渊就是前文提到的汤谷。羲和是帝俊的妻子，她为帝俊生了十个太阳。帝俊有三个妻子：一是羲和，二是生十二个月亮并给月亮洗澡的常羲，三是生了三身国祖先的娥皇。

羲和是十个太阳的母亲，十个太阳居住在东方海外的汤谷，谷中海水翻滚，十个太阳便在水中洗浴。汤谷边上有一棵扶桑神树，树高数千丈，是十个太阳睡觉的地方；其中九个太阳住在下面的枝条上，一个太阳住在上面的枝条上，兄弟十个轮流出现在天空上，一个回来了，另一个才去照耀人间，每天出行都由他们的母亲羲和驾着车子接送。羲和每日为十子套好龙车，拉着十子晨明时分从曲阿出发，定昏时分来到蒙谷，然后又赶往汤谷，帮孩子洗去一天的风尘，然后迎接第二个当班的太阳。

《尚书·尧典》中记载："乃命羲和，钦若昊天，历象日月星辰，敬授人时。"这就是说羲和被指派密切注视着时日的循环，测定日月星辰的运行规律，给大家制定出计算时间的历法。

羲和把握时间的节奏，驱使太阳前进，所以在上古时期，羲和就是制定时历的人，也是"太阳之神"。

羲和部落的遗址位于山东省日照市汤谷太阳文化源旅游风景区内的天台山上，这里留有太阳神石、太阳神陵、老母庙、老祖像、观测天文的石质日晷、祭祀台、石椅、石磨、积石冢等，出土过石斧、石锛、石铲、石箭头等器物。

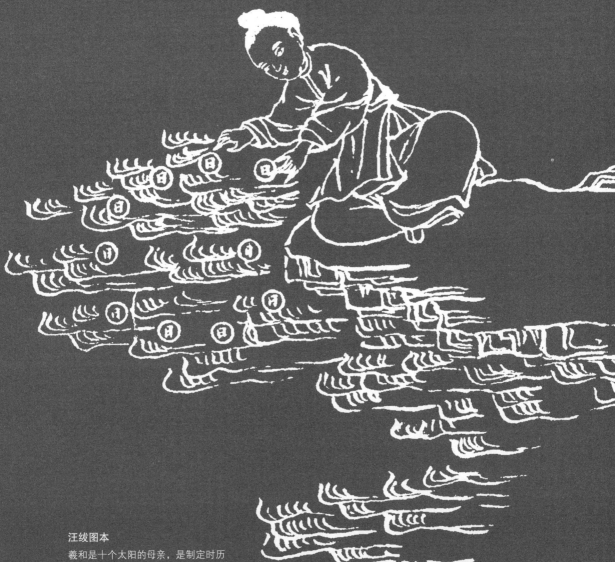

羲和浴日甘淵

汪绂图本

羲和是十个太阳的母亲，是制定时历的人，也是"太阳之神"。图中所绘是她在帮十个太阳沐浴洗澡。

后羿

hòu yì

　　最早的时候，天上有十个太阳，这十个太阳应该轮流出现在天空，每次只出现一个。但是他们非常淘气，常常不愿意遵守规定。有时他们就在暗中商量好，一齐飞出来，四散在广阔的天空中。他们这样胡作非为，帝俊和羲和也都束手无策。从此，大地被十个太阳炙烤着，禾苗庄稼全都枯死了，森林也燃烧起来，原来栖息在森林里的各种凶禽怪兽纷纷走出森林，危害百姓，百姓对它们都怨恨到了极点。

　　帝俊身为天帝，面对这种情况不能充耳不闻。他也觉得十个太阳确实应该受到惩罚，于是派一个擅长射箭的天神到下界，替人间除掉他们，顺便警告他的孩子，让他们恪尽职守。

萧云从《天问图》

后羿善于射箭，不仅射下九个太阳，还曾射杀各种恶兽为民除害。

后羿领了帝俊的旨命，便带着他的妻子嫦娥，辞别天庭。后羿到下界后，在尧的王城见到了正为旱灾而一筹莫展的尧帝。尧帝听说后羿就是天帝派遣到人间为民除害的天神，不禁大喜过望。起初，后羿只是晓之以理，对这十个太阳加以劝诫。哪知道这些骄纵惯了的天帝之子根本不服管教，反而在众目睽睽之下，对后羿反唇相讥。后羿勃然大怒，他走到广场中央，拈弓搭箭，对准天空中的一个太阳，嗖地一箭射上去，只见天空中一团火球无声爆裂了，流火乱飞，金色羽毛随之飘散，一只极大的金黄色的三足乌从空中坠下，落于海中。再看天上，就只剩下九个太阳了，空气也似乎凉爽了些。余怒未消的后羿再次拉弓，接二连三地向着天空中射去。太阳在天空中东一个西一个地四处逃散。

人们的欢呼声响彻了大地，后羿正射得欢畅，站在土坛上看射箭的帝尧，忽然想起太阳对人也有大功，不能全射下来的，急命人暗中从后羿的箭袋里抽出了一支箭。后羿射完九支箭之后停下来，天空中还保留了一个太阳，地面上的人们也都觉得不那么热了。

后羿指着天上最后一个太阳说道："从今往后，你必须日日勤恳，昼出夜息，为大地送来光明，不得有误，否则小心弓箭！"最后一个太阳也领教到了后羿神箭的厉害，只能满口答应。从此太阳就真正兢兢业业，运行不息了。后羿射下太阳后，又去四面八方为人们除掉了凶禽怪兽，从此天下太平，人民安居乐业。

九个太阳被射下之后都堆在一起，变成了海中的沃燋，就位于扶桑树的东边，形状像石头，方圆达四万里，四方海水都往这边涌。但因沃燋是九个太阳所化，所以温度极高，海水浇到上面，就立即被汽化，消失不见了。所以大江大河虽然向东注入大海，但海水从不溢出。

菌人

jūn rén

汪绂图本

菌人指的就是非常小的人，在汪本中的菌人赤身裸体，
如同婴孩。

　　在盖犹山附近有一种十分矮小的人，名叫菌人。传说他们长不
过一寸，却身穿红衣戴圆帽，乘白色的车马，颇有威仪。人们如果
遇到他们，可以将他们抓住吃掉，虽然其味道有些辛辣，但有很多
好处。吃下菌人的肉后终年不会被虫子叮咬，并能知道万事万物的
名字。此外，吃下菌人还能杀死肚子里的三种虫子，这三种虫子被
杀死之后，人就可以服食仙药成仙了。

山海经神怪异兽全画集

Legends of Mountains and Seas

一 第十六卷 一

大荒西经

《大荒西经》中记述了许多奇异的神话传说，有人们熟悉的「共工怒撞不周山」「姜踏巨人印生后稷」「神农遍尝草药」等，还有不完全为人所知的，如十二个月亮轮流照亮夜空等，也极具神秘、浪漫的色彩。

大荒西经 · 450

大荒西经

蒋应镐图本　长胫国一带

西北海之外，大荒的一个角落，神人女娲在此居住，那个人面蛇身神即是。那里还有一种色彩艳丽的鸟，叫狂鸟。长胫国人的腿奇长无比。龙山内有位女子用衣袖掩住自己的面容，那是女丑尸。西海的岛屿上有个神人叫弇兹，是人面鸟，正在山上站立着。

淑士国人

shū shì guó rén

在西北海之外，"有国名曰淑士，颛顼之子"，就是说有个淑士国，它的国民都是帝颛顼的子孙后代。据考据，淑士国应该在今天的青海或甘肃一带。

长篇小说《镜花缘》中主人公唐敖等人也曾游历至此国。淑士国国都的城门上镌刻着一副对联："欲高门第须为善，要好儿孙必读书。"其国民无论从事什么职业，个个都是身着青衫，头戴儒巾，甚是斯文。平时说话，也是满口之乎者也，一股酸气。更为有趣的是，这里的食物和酒水也是酸溜溜的，而且越酸越好。这个国家的法律规定：国民都要读书参加考试，才能获得庶民资格，佩戴儒巾。否则谓之"游民"，只能做贱役。小说以漫画般的笔法，揭露讽刺了淑士国国民假斯文的种种丑态。

女娲之肠

nǚ wā zhī cháng

在一个名叫栗广的原野上有十个神人，名叫女娲之肠，他们是由女娲的肠子化生的。他们就在大路中间拦断道路而居住。

天神华胥生的男子名叫伏羲，生的女子名叫女娲，伏羲身上覆盖着鳞片，女娲则长着蛇的身体。女娲神通广大，一天之内就能够变化七十次。

当时天地刚刚开辟，还没有人存在，于是女娲手捧泥土，根据自己的形象捏出了一个个孩子，这就是最早的人。造了一阵子之后，她觉得有些疲倦，用一根绳子蘸泥在空中挥洒，每个泥点落到地上，也变成了人。

造人之后的某一天，忽然半边天空塌了下来，出现了许多窟窿，洪水从天空中倾泻下来，大地变成了海洋，民不聊生。

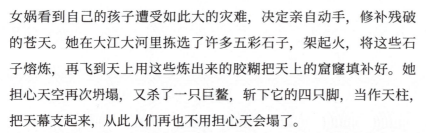

女娲看到自己的孩子遭受如此大的灾难，决定亲自动手，修补残破的苍天。她在大江大河里拣选了许多五彩石子，架起火，将这些石子熔炼，再飞到天上用这些炼出来的胶糊把天上的窟窿填补好。她担心天空再次坍塌，又杀了一只巨鳌，斩下它的四只脚，当作天柱，把天幕支起来，从此人们再也不用担心天会塌了。

在冀州还有一条凶恶的黑龙在搅动洪水，兴风作浪，女娲便去杀了这条黑龙，同时赶走各种恶禽猛兽，使人类不再受禽兽的残害。还有洪水的祸患没有平息，女娲又把河边的芦苇烧成灰，堆积起来，堵住了滔天的洪水，同时还造出了很多供人们居住的陆地。

从此，大地上又有了欣欣向荣的景象，人类又恢复了他们平静的生活。女娲做完这一切，终于休息了。她的身体也分化孕育，而她的一根肠子就化成了十个神人。

女媧之腸十人

汪紱图本
女娲之肠所化作的十位神人都身着清代的服装，
举止表情端庄素雅，可见十神神格非凡。

石夷

shí yí

汪绂图本
石夷被称为风神，汪本中的石夷左右手分别托
着日和月，以示他掌管着太阳和月亮的升落。

在西北海之外，有位神人名叫石夷，西方人称他为夷，
从他那里吹来的风称作韦，他居住在大地的西北角。他不仅是
西方的风神，而且还掌管着太阳和月亮的升起落下。

xī zhōu guó rén

　　有个叫西周的国家，那里有座山，叫双山。那里的人都姓姬，以五谷为食。有个人正在耕田，名叫叔均。帝喾之子后稷，曾到天上将各种谷物的种子带到人间。后稷的弟弟叫台玺，台玺生了叔均。叔均曾经代替父亲和后稷播种各种谷物，并创造了耕田的方法。

　　后稷从小喜欢农艺，长大后教百姓栽种五谷的方法。他用木头和石块制造了简单的农具，教导人们耕田种地。这些原先靠打猎和采集野果过活的人，有时免不了挨饿。自从在后稷那里学会了耕种，他们的日子便比以前过得好多了。渐渐地大家都信服了后稷，于是都开始耕地种田。这种有意义的劳动就首先在后稷母亲的家乡有邰流传开来，后来发展到全国各地。继承帝喾做国君的尧知道了后稷的事迹，就聘请他来掌管农业，指导百姓耕作。后来帝尧的继承者帝舜为了表彰后稷的功绩，把有邰这个地方封给了他。这里就是周朝兴起的地方，后稷就是周人的祖先。

　　后稷的侄子叔均也是农业能手。他还发明了用牛来代替人力的方法，把农业向前推进了一大步。

　　在中国古代史中，也有一个叫作西周的朝代。西周就是由姬姓之族建立的，所以历史上的西周和《山海经》中的西周也有一定的联系。

北狄国人

山海经神怪异兽全画集 下卷

Legends of Mountains and Seas

běi dí guó rén

汪绂图本

北狄国人是一个身穿轻便服装、头戴草帽的人，表现了北狄国民的骁勇善战。

　　北狄的称谓最早起始于周代，古汉族自称华夏，便把华夏周围四方的人分别称为东夷、南蛮、西戎、北狄，以区别华夏。北狄是古代华夏人对北方非华夏各个部族的统称。

　　黄帝有一个孙子，名叫始均，始均的后代子孙就组成了北狄国。北狄是我国古代的少数民族，他们在春秋以前居住在河西、太行山一带，以游牧为生，骁勇善战。春秋初年，其势力增强，曾屡次与晋国交兵，并向东进发。后来他们向南灭掉了邢、卫、温等小诸侯国，还曾与齐、鲁、宋等大国交战。后来，狄人发生内乱，分为赤狄、白狄、长狄、众狄等部，又各有支系。最后除白狄于春秋末年建立的中山国存在外，其余各部都先后被晋国吞并了。

太子长琴

tài zǐ cháng qín

汪绂图本
太子长琴居住于榣山之上，乃南方之神祝融之子，
喜爱创作乐曲。

　　北狄国附近有芒山、桂山，还有榣山，榣山上有一个神
人，叫作太子长琴。颛顼生了老童，老童生了祝融，太子长琴
就是祝融的儿子。太子长琴居住在榣山上，创作乐曲，从此音
乐风行于人世间。

　　太子长琴出生的时候，怀中抱着一把小琴，天地都因为
他的出生而欢唱。

十巫

shí wū

　　有一座灵山，山上有巫咸、巫即等十个巫师，他们通过这座山往返于天地之间，让人界与仙界沟通。同时各种各样的草药也生长在这里。他们都在山上采药，并治病救人。可以说灵山上孕育了最早的巫文化。

　　在巴渝最古老的文化中首推巫文化，灵山十巫就是其中最具代表性的。灵山，其实就是巫山，因为"灵"的繁体字为"靈"，下半部就是"巫"字，在古代，这两个字原本就是一个字。

　　灵山十巫，包括巫咸、巫彭、巫盼、巫礼、巫谢、巫姑、巫真、巫罗、巫即、巫抵这十位巫师。其中巫咸既是古代有名的占卜师，也是非常有名的医师，还有人认为他是擅长制盐的工匠。巫彭也是集占卜师和医师身份于一体的巫师。这两个巫师在后世都很有名，在其他典籍中也有记载。

　　除此之外，巫盼、巫谢、巫真是后来巫载部族和巴子五姓的先祖，巫罗是后世的巴郡"七姓"之首——罗姓的远祖。

　　可见灵山十巫当中，大多都是既能上天入地与鬼神沟通的巫师，也能身兼神医的职责，还有的是某些部族的祖先。他们作为巫师，在古代实际上就是天神和人之间的沟通桥梁，在崇尚天神的中国古代社会当中，具有非常重要的地位。

汪绂图本

十巫居住于灵山上，采集药材，并通过灵山往
返于人间与天上。

沃民国人

wò mín guó rén

在灵山的附近，有个沃民国，又叫沃野，居住在这里的便是沃民国人。沃民国人吃的是凤鸟产的蛋，喝的是天上降下的甘露。凡是他们心里想要的美味，都能在凤鸟蛋和甘露中尝到。这里物产丰富，有珍贵的宝石，如璇玉、瑰石、瑶玉、碧玉等；有丰富的植物，如甘华树、甘柤树、白柳树，还有通体洁白的白木树、结满珠子的琅树；还有一些珍奇异兽，如视肉怪兽、三骓马、鸾鸟和凤鸟；此外，这里还盛产白银和铁。鸾鸟在这里自由地歌唱，凤鸟在这里欢乐地舞蹈，原野上还有各种野兽，它们群居相处，互不攻击，呈现一派祥和的生活景象。

弇兹

yān zī

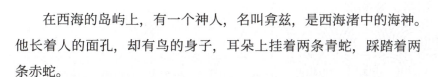

　　在西海的岛屿上，有一个神人，名叫弇兹，是西海渚中的海神。他长着人的面孔，却有鸟的身子，耳朵上挂着两条青蛇，踩踏着两条赤蛇。

　　四海之神的样子都很相似，都长着人的面孔和鸟的身子，耳朵上挂着两条蛇，脚下踩着两条蛇，但是海神的蛇颜色不一样。南海之神不廷胡余的耳朵上挂着两条青蛇，脚下踩踏着两条红蛇；东海之神禺䝞耳朵上挂着两条黄蛇，脚下踩踏着两条黄蛇；北海之神禺彊耳朵上挂着两条青蛇，脚下踩着两条青蛇。

　　弇兹生活在弇州，也就是今山东省兖州。今市区西三十里有山名嵫山，大概因有奄国在附近，所以嵫山又名崦嵫山、奄山，是神话中太阳所入的地方。

弇兹

汪绂图本

弇兹是西海的海神，其为人面鸟身，双耳挂着两条青蛇，
双足缠绕两条赤蛇。

天虞

tiān yú

汪绂图本
天虞手臂朝后，看起来好像被人反绑一样。

"有人反臂，名曰天虞"，是说有一个手臂朝后的人，叫作天虞。

现代人也常有将双手放在背后这样的习惯，从心理学的角度来讲，有两重含义：第一重含义是在等待或即将面临什么，双手放在后面是为了掩饰自己的紧张情绪；第二重含义就是自信，就算是泰山在眼前崩塌内心也不会有什么起伏和变化。由此推测，天虞应该经历过一些相对复杂的事情，但他的身上具体有什么故事，并没有考据可证明。

xū

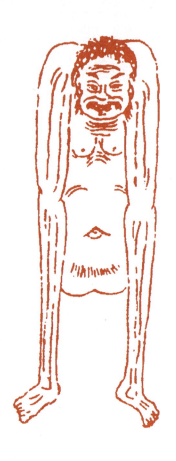

山海经神怪异兽全画集 下卷

Legends of Mountains and Seas

　　大荒之中，有座山名叫日月山，那里是天的枢纽。这座山的主峰叫吴姖天门山，是太阳和月亮降落的地方。山上有一个神人，其外形像人，却没有胳膊，两只脚反转着架在头上，其名字叫嘘。

　　帝颛顼生了老童，老童生了南正重和火正黎，帝颛顼命令南正重托着天用力往上顶，又命令火正黎撑着地使劲朝下按，于是天地彻底分开了。在少昊后期，国势衰落，朝纲松弛，人和神混合而居，十分混乱。这种情况下，颛顼接掌权力，

470

噎

汪绂图本
噓没有胳膊，两只脚反转着架在头上；噎与常
人大同小异。噓和噎其实是同一个神人。

命令南正重主管天，天就由神居住；火正黎主管地，地就归百姓居住，恢复了原
来的天地秩序，天地之间再也没有混乱的情况了。火正黎来到地上并生了噎，噎
就是怪神噓，他住在大地的最西端，掌管着太阳、月亮和星辰运行的先后次序。

周宣王时，重黎氏因失去官守而成为司马氏，司马氏世代掌管周史。到周惠王
和周襄王统治时期，司马氏离开周都，到了晋国，后又迁居少梁。所以说，噓其实
就是司马氏的祖先。

常羲

cháng xī

　　有个女子每天都替月亮洗澡，她就是帝俊的妻子常羲。传说当年常羲经过十二个月的怀胎，一次生下了十二个姑娘。她们长得一模一样，每人都有一张饱满圆润而又洁净明亮的脸。每到夜晚，她们的脸就会放出格外明亮的银色光辉。

　　有一次，她们姐妹十二人偷偷来到人间玩耍，被人间的美景迷住了，大地上有广袤的草原、茂密的森林、奔涌的江河、蔚蓝的大海、巍峨的高山、馥郁的鲜花。她们在天上从不曾看见如此美丽迷人的景象。

　　当她们玩得高兴的时候，她们同父异母的哥哥——太阳结束了一天的工作，于是黑暗笼罩了大地。这时，她们发现，夜晚的人间一片漆黑，变得恐怖起来。

　　于是，姐妹们便坐下来商量，决定像自己的哥哥一样工作，把光辉洒向大地，驱走夜晚的黑暗，使人们在夜晚也不至于迷乱恐惧。

汪绂图本

帝俊的妻子常羲经过十二个月的怀胎生下十二个月亮，她非常疼爱十二个女儿，经常给她们洗澡。

　　母亲常羲非常赞同她们的想法，她知道自己的女儿们有纯洁的心灵和高尚的品格。于是，她安排十二个姑娘在夜晚轮流升上天空。每人一个月，十二人轮一遍，就刚好是一年。从此，夜晚的天空因月亮姑娘的出现而变得皎洁明朗，大地上的人们欣喜若狂，欢呼雀跃，黑暗也被迫收回了它恐怖的翅膀，夜空由此而变得格外美好明亮。

　　从此，常羲便与羲和一样，和女儿住在一起，每日给女儿洗浴打扮后，就亲自带着一个女儿乘九凤拉着的月亮车，巡行于夜空，为人类工作。因女儿比较害羞，所以夜夜出现在天空中的打扮都不太一样，又因为是女性，所以常羲的女儿每月有例假，总有几天是不能上天的，所以夜空中有月圆月缺，也有无月之日。

　　我国有许多少数民族盛行拜月的风俗。如苗族就有"跳月"的活动，青年男女在"跳月"的时候寻求心上人，或向异性倾吐爱慕之情。

蒋应镐图本　日月山一带

日月山是天的枢纽，山上有位人面怪神，名嘘。玄丹山上栖息着五色鸟，其为人面鸟形；还有一种怪兽叫屏蓬，在山坡上奔跑的双头兽便是。金门山上生活着一种名叫天犬的奇兽。

屏蓬

píng péng

汪绂图本
屏蓬，一身二首，二首分别长在身体的左右两侧。

　　屏蓬是一种双头的奇兽，其左右两边各长着一个头，有雌雄同体而生的含义。《海外西经》中的并封、《大荒南经》中的跊踢都是和屏蓬类似的双头怪兽。

天犬

tiān quǎn

胡文焕图本
天犬嘴似狐狸嘴，四肢发达，一看就是矫捷、威猛的异兽。

有一种浑身赤红的狗，名叫天犬，它所降临的
地方都会发生战争。传说天犬降临时，像飞一般。
天上出现的流星，就是天狗奔跑的痕迹。

天犬

汪绂图本
天犬与狗的外形非常类似，看起来非常灵活。

寒荒国人

han huāng guó rén

寒荒国有两个女巫，一个手里拿着盛酒的觯（zhì），一个手持肉板，名字分别是女祭、女薎（miè），她们是负责祭祀的女巫。

寿麻国人

　　有个国家叫寿麻国。南岳娶了州山的女儿为妻，她的名字叫女虔。女虔生了季格，季格生了寿麻。

　　寿麻国的人都是仙人，他们就算端端正正站在太阳下也看不见脚下生成的影子，就算高声呼喊四面八方也不能听见一点回响。寿麻国天气异常炎热，而且没有水源，普通人不可以前往。

　　寿麻国人的祖先并不是本地人，他们原来生活在南极。寿麻在世时，一天，他们居住的地方突然发生地震，陆地断裂，渐渐沉没下去。寿麻及时做出决定，率领妻儿、族人、邻里，乘坐木船一路向北逃去，发现此地，就驻扎下来。这里虽然气候恶劣，但是得以保存性命，总算是不幸之中的大幸。

汪绂图本
寿麻国人，直直地站立，双手作揖。

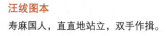

　　几年之后，他们派人再去探访原来居住的地方，发现那片陆地已不知去向。原来的乡里、族人亦不知生死，他们猜测应该是都随大陆一起沉没了。大家非常感激寿麻的救命之恩，于是拥立他做君主，把国名改为寿麻国。

　　寿麻国人脚下没有影子，这一现象很可能是对南北回归线内热带地区景象的描写。因为麻寿国地处西荒，而且天气炎热，所以猜测它可能在中亚腹地沙漠一带，因为被太阳直射，所以脚下不见人影。

蒋应镐图本　夏耕尸周边

图中操戈而立的无头神就是夏耕尸。一个三面人，只有右手臂，正站立于山坡之上。有个神人名夏后启，正乘坐于二龙所驾的车中。此外，还有一种六首奇鸟，名鹠鸟。

夏耕尸

　　有个人没了脑袋，却还一手操戟一手持盾牌站立在山上，这就是夏耕尸。夏耕是夏朝最后一个君主桀手下的一员大将，当年成汤在章山讨伐夏桀，打败了夏桀。夏耕冲在最前头，成汤亲手斩下了夏耕的头。虽然他被斩头，却并没有立刻倒下去，而是继续奔跑。他的灵魂未死。许久之后，他才发觉自己没了脑袋，为逃避罪责，于是流窜到巫山，传说至今他仍然站在那儿。

　　夏耕与断首的刑天有几分相似。但刑天是"与天帝争神，帝断其首"的不屈的英雄，而夏耕是以败将来衬托成汤英雄形象的失败人物。

　　传说成汤攻伐夏桀时，夏朝气数将尽，天相示警，田里的禾苗都焦枯了，厉鬼在国境内啸叫，日月星辰都不按时运行，春夏秋冬杂乱

汪绂图本

虽然夏耕尸没了脑袋，但依然身着盔甲，
右手持戟，左手持盾。

而至，一连十多个晚上都有人听见仙鹤哀鸣。于是天帝命令汤在镳宫祭祀，接受亡夏之命。可是汤只是率领其军队，在边境前徘徊不前，并不敢直接攻打夏桀。

于是天帝命令天神降火，焚烧夏桀都城以壮成汤的士气。不一会儿有天神对成汤说："夏朝政德败坏，你马上去攻打他们，我一定助你一臂之力。你既然受命于天去灭夏，又有什么好怕的呢？现在天帝已经命令火神祝融降火，烧毁了夏桀都城的西北角，你正好可以乘此机会，大举进攻。"于是汤率领部下消灭夏朝，开创了商朝六百年的基业。

吴回

　　吴回是中国神话传说中远古时代的火神，寄托了中国劳动人民祛邪、避灾、祈福的美好愿望。

　　吴回的哥哥重黎原本担任火官，官职名叫作祝融，后因办事不力被帝喾消灭，吴回接替重黎担任帝喾的管火之官。他的职责一是观测天空的火星、火宿，二是掌管部落用以照明、取暖、做饭的大火，这是蒙昧时代和野蛮时代一件极神圣的事情。

　　吴回只有左臂膀，却没有右臂膀，这是他特殊的地方。

sān miàn yī bì rén

三面一臂人

吴任臣康熙图本
三面人侧着身子，只有一只手臂。

大荒之野中，有一座山，名叫大荒山，那里是太阳和月亮降落的地方。附近有一种奇人，他们脑袋的前边、左边和右边各长着一张面孔，但身上却只长了一条胳膊，他们是颛顼的子孙后代，名叫三面一臂人。这种人长生不死，永远生活在大荒之野中。

三面人

汪绂图本

三面人有三个头，只有一条右手臂。

鱼妇

yú fù

汪绂图本
大风从北方吹来，颛顼趁着蛇鱼变化
未定之时，借助鱼体，死而复生。

有一种鱼，它的身子有一半是干枯的一半是鲜活的，它
的名字叫鱼妇。传说它是帝颛顼死了之后，立即苏醒后变化而
成的。如果有大风从北方吹来，吹得泉水涌动，蛇就在这个时
候变成鱼，这便是所谓的鱼妇。而死去的颛顼就是趁蛇鱼变化
未定之机附身鱼体复活的。

zhū niǎo

　　有一种青鸟，它身上的羽毛是黄色的，而爪子却是红色的，其奇特之处在于一个身子上长了六个脑袋，这种鸟名叫鸀鸟。

鸀鳥圖

《禽虫典》
鸀鳥，外形像山鸡，有着长长的尾巴，正在山中漫步。

鸀鳥

汪绂图本
鸀鳥，羽翼丰满，看起来很高
大，有六个小小的头聚在一起。

蒋应镐图本
鹓鸟，六首一身，羽翼非常丰满，
拖着长长的尾巴，好像将要飞起。

奇鼠

qí shǔ

　　有座炎火山，不论白天黑夜，这里的火一直都在燃烧，就算是暴雨也浇不灭。山上大火熊熊，一投进东西就会被烧得精光。传说这炎火山上生长着不尽之木，这种木头永远也烧不成灰烬。

　　在神奇的不尽之木中生活着一种奇鼠，它重达千斤，身上还长着两尺余长的毛，这种毛纤细如丝，如果它栖居火中就是赤色，而有时出来活动，又会变成白色。这种奇鼠用水一淹就会死，用它的毛织成的布就是有名的火浣布，这种布不怕火烧，而且就算弄上了污渍，只要用火一烧，污渍就会无影无踪。

五色鸟

wǔ sè niǎo

汪绂图本
玄丹山的五色鸟是一种人面鸟，
是代表亡国之兆的祸鸟。

大荒之野中有座玄丹山，在山上栖息着一种长着五彩羽毛的鸟，它们有一副人的脸孔，还有头发，名叫五色鸟。这里还有青鸰、黄鹜，这些鸟有青色的，也有黄色的，虽然外表好看，却是凶鸟、祸鸟，它们的出现是不祥之兆，往往它们在哪个国家聚集栖息，哪个国家就会灭亡。

山海经神怪异兽全画集

Legends of Mountains and Seas

第十七卷

大荒北经

《大荒北经》中记载了很多奇异的怪兽，如蚩蛭、猎猎、九凤等，同时也讲述了很多神话传说，最详尽的当数黄帝和蚩尤的战争，还有帝颛顼和他的九个嫔妃被埋在大荒内黄河流经之地的故事，都很让人难忘。

大荒北经 · 498

大荒北经

蒋应镐图本　毛民国周边

毛民国人皆遍体长毛。儋耳国人都长着硕大的耳朵，那个长耳人即是该国之人。北海的岛屿上，站着一位人面鸟身神，名叫禺彊。天柜山的山坡上站立着人面九头神九凤；还有一位神人名彊良，为虎头人身神。

蜚蛭

fēi zhì

蜚蛭，有四只翅膀，和普通的昆虫很像。

　　"大荒之中，有山，名曰不咸。有肃慎氏之国。有蜚蛭，四翼。"蜚蛭，又作"飞蛭"，是肃慎国境内一种能飞的动物，长着四只翅膀。

　　蛭属于环节动物门，有水蛭、鱼蛭、山蛭等，这里所说的蛭有四只翅膀，像小昆虫一样，能在空中飞。

qín chóng

汪绂图本
琴虫是生活于不咸山上肃慎国境内的一种怪兽，它长
着蛇的身体和野兽的脑袋。

"有虫，兽首蛇身，名曰琴虫。"（东晋学者郭璞注："琴
虫，亦蛇类。"）有一种蛇，长着野兽的脑袋，却有蛇的身子，
名叫琴虫。它生长在肃慎国境内，是一种怪蛇。

北齐国人

山海经神怪异兽全画集 下卷

Legends of Mountains and Seas

　　北齐国的人都姓姜，能驯化、驱使虎、豹、熊、罴四种猛兽。

　　关于北齐国，后世也有一些推断。第一种推断是，北齐国应该在今天东北吉林一带，因为姜姓国民很有可能是老黑山氏族人；第二种推断是，北齐国在山东附近，也就是西周时代分封的北齐；第三种推断是，姜氏是神农的后裔。

彊良

qiáng liáng

汪绂图本
彊良，虎头人身，长着兽蹄，前肘很长，口中衔蛇，前膝绕蛇。

　　有一个神人，他嘴里衔着蛇，前蹄缠着蛇，长着老虎的脑袋和人的身子，还有兽蹄，而且前蹄特别长，这位神人名叫彊良。他能够驱邪逐怪，古代的巫术大傩仪式中就经常出现他的身影。

胡文焕图本
彊良穿着短衣短裤，脚像牛蹄，嘴中衔着一条蛇。

九凤

jiǔ fèng

蒋应镐图本
九凤长有九个脑袋，三三排列，每一个脑袋都是人的面孔，
颈部以下是鸟的身子，是人们崇拜与信仰的鸟神。

　　大荒之中有座山，名叫北极天柜山，海水从北面灌注到
这座山中。山上有一个神人，它长着九个脑袋，每个脑袋上
都有一副人的面孔，而颈部以下却是鸟的身子，名叫九凤，
它就是有名的九头鸟，是人们崇拜与信仰的鸟神。

汪绂图本
九凤，九个头中有一个主头，其余八个从左上方重叠长出。

　　九凤是古代中国神话中的神鸟，它以九头鸟的形象出现，最早源于楚人的九凤神鸟。"九凤"的神性，从它的名字即可得到证明。凤是中国古代人最为崇拜的两大图腾之一，与龙并称，是吉祥幸福的象征。《尔雅·释鸟》郭璞注："凤，瑞应鸟。"由于凤皇是吉祥之鸟，古代帝王，如少昊、周成王即位时，据说都曾有凤皇飞来庆贺。

　　楚人有崇凤的传统，大诗人屈原在《离骚》中写到神游天国部分时，第一句就是："吾令凤鸟飞腾兮，继之以日夜；飘风屯其相离兮，帅云霓而来御。"足见凤的地位有多重要。

图中的九凤，羽毛华美，并不是长着
人面的九头鸟。

蒋应镐图本 系昆山周边

系昆山共工台上住着一个女神，是黄帝之女女魃。融父山一带生活着一个民族，名叫犬戎，还有一目国人，只有一只眼睛。在西北方的海外，黑水的北岸，有一类人，他们长着翅膀，但不能飞翔，名叫苗民。章尾山上有一个神人，长着人的面孔、蛇的身子，他就是烛九阴。

女魃

nǚ bá

汪绂图本
民间传说中的旱魃是女尸模样的怪物，不同地区还有
不同的驱逐旱魃、求雨的巫术。

　　黄帝和蚩尤大战，好几个回合之后，也没有分出胜负。
在激战的过程中，黄帝唤来他的千年应龙，希望它能发水淹死
蚩尤的部众，哪知蚩尤请来了风伯雨师，掀起一场狂风暴雨，
淹死了不少黄帝的部下。

　　黄帝无奈，只好请来自己的女儿女魃。女魃就是旱精，
她的身体里全是炎热，不管有多少水，她都能烤干。女魃上阵

汪绂图本

赤水女子献，其实也是女魃，画面中一年轻女子立在水边。

山海经神怪异兽全画集 下卷

Legends of Mountains and Seas

魃之地逐之至急及

静尽尸孙猛将右

飞出鸡此物於岭下

高恐其骤跟而至也

往扣相瓘者之门而

宿马壁晨往

朝见一女尸

骨已断血作

黑色乃相兴

土梅之如霄涂除

《吴友如画宝》

赤水女子献就是在黄帝于冀州大战蚩尤时立下赫赫战功的女魃，她是旱精，所到之处滴雨
不至，灾旱连连，尽管她是黄帝的女儿，仍然被安置在赤水以北，不得乱动。据考证，冀州
应该就是非洲的埃及。清代《吴友如画宝》中记述了民间传说的旱魃是女尸模样的怪物。

后，暴风骤雨顿时无影无踪，天空中红日当头，地表马上就烘干了。看到这种情况，蚩尤的部下个个心生疑惑，就在他们心神不定的时候，应龙率领黄帝的军队冲上前去，一阵突杀，蚩尤大败，溃不成军，蚩尤的几个兄弟也死了。

经历这一次失败，蚩尤的损失相当严重，清点剩下的人马，已经不到半数，如果不投降，就只有全军覆没，大家心里都很恐慌。

虽然女魃在作战中立了功，但她所在的地方滴雨不至，灾祸连年，百姓十分痛恨她。当时主持耕种的田祖之神叔均向黄帝反映了这一情况，黄帝便下令把她安置在赤水之北，不得乱动。但女魃是个不安分的旱魃，常四处逃逸，她所到之处百姓只好举行逐旱魃的活动。在逐旱魃之前，先疏通水道和沟渠，然后向她祝祷说："神啊，回到赤水以北你的老家去吧！"希望逐旱魃以后可以喜得甘霖。

在钟山站着的穿青色衣服的女子，名叫赤水女子献，就是在逐鹿之战中给黄帝立下汗马功劳的女魃。

戎宣王尸

róng xuān wáng shī

山海经神怪异兽全画集 下卷

Legends of Mountains and Seas

"有赤兽，马状无首，名曰戎宣王尸。"在融父山上有一头浑身赤色的野兽，名叫戎宣王尸，像普通的马，脑袋却已被砍下，不知去向。

汪绂图本

戎宣王尸是一种浑身红色的野兽，它像我们日常生活
中最常见的马，脑袋被砍下，不知去向。

山海经神怪异兽全画集

Legends of Mountains and Seas

一第十八卷一

海内经

《海内经》中记述了许多奇幻的传说，如华胥踏巨人印生伏羲、伏羲女娲结合繁衍人类、大禹平洪水定九州等；同时，还记载了例如朝鲜、天竺之类今人仍很熟悉的国家。

海内经 · 520

海内经

蒋应镐图本 海内神祇异人

东海之内有人面兽身神，叫韩流。盐长国中的山坡上站立着长着鸟首的盐长国之民。南方的山林中生活着一种赣巨人，那个双脚倒生、双手过膝的人便是其一。又有一个部落，其人名黑人，为虎头鸟足人身神。

嫘祖

léi zǔ

传说黄帝的元妃名为嫘祖，她最早从蚕神那里学到了养蚕缫丝的方法，并将它推广开来，所以备受人民尊敬。

黄帝战胜蚩尤后被推选为部落联盟首领。他带领大家发展生产，种五谷，驯养动物，冶炼铜铁，制造生产工具，而做衣冠的事就交给正妃嫘祖了。在做衣冠的过程中，嫘祖和黄帝手下的另外三个人做了具体分工：胡巢负责做帽子；伯余负责做衣服；于则负责做鞋子；而嫘祖则负责提供原料。她经常带领妇女上山剥树皮，织麻网，她们还把男人们猎获的各种野兽的皮毛剥下来，进行加工。不久，各部落的大小首领都穿上了衣服和鞋，戴上了帽子。

但是嫘祖因为劳累和生病，总是吃不下饭。有一天，几个女人决定上山摘些野果回来给嫘祖吃，结果她们采到的都是酸涩的小果子。天快黑的时候，她们发现了一种白色的小果，以为找到了好鲜果，没顾得上尝一口就带回去给嫘祖。后来大家才发现，这个白色果子怎么也咬不动。嫘祖拿到这个白色果子之后，研究了半天，高兴地对周围的女人们说："这果子虽

纺织图

东汉 画像石拓本 江苏铜山县洪楼出土 徐州汉画像石艺术馆藏

图中显示了织布、络纱、摇纬的全过程。

然不能吃，但是大有用处。"原来这就是从桑树上摘来的桑果，实际上是桑树上的蚕吐细丝绕织而成的，这种蚕丝可以用于制造衣物。从此，在嫘祖的倡导下人们开始栽桑养蚕。

有一年黄帝巡游天下的时候，嫘祖不幸病死在途中，黄帝感念她的功德，当即命令要以祭祖神之礼来祭祀她。后世历朝历代都奉嫘祖为先蚕，并造先蚕坛祭祀她。每年春季第二个月的巳日，当朝的皇后就会亲自或派人去先蚕坛祭祀嫘祖并养蚕，为天下人做出表率。

韩流

han liú

蒋应镐图本
韩流是一个人兽合体的异形怪物，长着人的脸、
猪的嘴、麒麟的身子，还有猪的蹄子。

　　韩流是黄帝的孙子，是颛顼的父亲。传说黄帝的妻子嫘祖
生了昌意，昌意做了错事之后被贬降，在四川若水生下了韩流。
　　韩流是一个人兽合体的怪神。长着长长的脑袋、小小的耳
朵、人的面孔、猪的长嘴、麒麟的身子、双腿罗圈形，长着小
猪的蹄子，模样十分古怪。韩流后来娶淖子族人中名叫阿女的
女子为妻，生下了帝颛顼。

韓流

汪绂图本
韩流长着人面猪嘴鳞身，像人一样站立着。

柏子高

bǎi zǐ gāo

汪绂图本
柏子高，身穿拖地长衫，头微微一歪，好像在沉思着什么。

在华山青水的东面，有座山名叫肇山。山上有个仙人名叫柏子高，柏子高就从肇山之巅往返于天地间。柏子高是黄帝身边的大臣，又叫柏高，懂得采矿之事和祭祀山神的礼仪，后来黄帝升天成仙后，柏子高也飞升成仙，侍立在黄帝身旁。

盐长国人

yán cháng guó rén

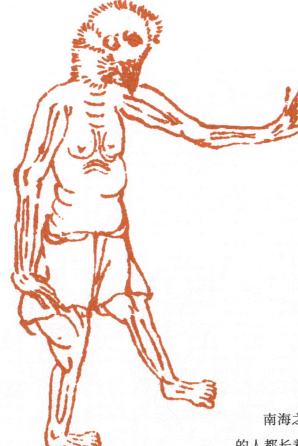

汪绂图本
盐长国人，短喙圆眼，上身赤裸。

南海之内有一个盐长国，这个国家里的人都长着一个鸟头，长喙圆眼，人们称他们为鸟民或鸟氏。帝颛顼的后裔大费有两个儿子：一个是大廉，一个是若木。大廉就是鸟民的祖先。

蒋应镐图本
盐长国人，鸟头，长喙圆眼，身着短衫短裙。

巴国人

bā guó rén

海内经

　　西南方有个巴国。大皞生了咸鸟，咸鸟生了乘厘，乘厘生了后照，后照就是巴国人的始祖。

　　巴氏氏族的儿子叫务相，是伏羲的后代。最早他们住在南方的武落钟离山，比邻而居的还有其他四个氏族，即樊氏、曋氏、相氏、郑氏。这五个氏族一开始各自为政，他们为了争夺地盘互不相让，后来积怨越来越深，常常为一点小事兵戎相见。终于有一天，他们决定每个氏族选出代表展示本领，获胜的那个人做五个氏族共同的首领。

　　务相被巴氏族推选出场，并且在各种比赛当中取得了非常出色的成绩，最终被五族人民一致拥戴为王，并称呼他为"廪君"。廪君成为五族首领之后，为了使他的族落更加昌盛，便乘上那只雕花土船，顺着夷水，沿江而下，一行人来到盐水流经的地方，名叫盐阳。

　　盐阳的盐水中有个女神，听说廪君英勇善战，又宽厚爱民，便对他十分爱慕。于是她对廪君表白，希望他们能够安心驻扎在这里。但是廪君有着更高的目标，希望能找到更好的地方，就没有答应盐水女神的请求。

巴国石刻遗址

四川广安现存巴国要塞遗址，巴国文化在这里有着很深的印记。

　　但痴心的女神希望能够用自己的爱情留住自己爱慕的人，于是她每天晚上悄悄跑到廪君住宿的地方陪伴，第二天清晨天刚破晓便离开帐篷，变成一只纤弱的蝴蝶，飞舞在天空中。山林水泽中住着许多神灵精怪，它们同情盐水女神，也纷纷变成各种各样的小虫，飞舞在她的周围保护她。后来小虫越聚越多，久久不散，甚至把太阳光都遮住了，廪君与族人分辨不清东西南北，无法启程。廪君没有办法，只好送给盐水女神自己的青丝。他看到带青丝的盐水女神时，用箭将其射下，这才踏上了新的路程。

　　他们沿着盐水顺流而下，终于找到一片肥沃的圣地便在这里成立国家，名叫巴国。

　　廪君死后，他的魂魄化为白虎，所以巴人奉白虎为保护神。

　　巴人的先民就世世代代在重庆地区这片神奇的土地上生息繁衍。他们战天斗地，自强不息，创造了灿烂的巴文化。

黑人

hēi rén

蒋应镐图本
黑人是虎头鸟足人身，双手上
还有两只蛇缠绕。

黑人脖子上长着老虎的脑袋，类似禽鸟的爪子，两只手都拿着蛇，以毒蛇为食。

黑人是居住在南方的一个开化比较晚的古代部族或群种，持蛇吞蛇是他们的信仰和重要标志。

也有学者认为，黑人具有虎首鸟足、吃蛇的特点，说明他们可能是以虎首之皮和鸡状足爪装扮起来的巫师或神灵。

胡文焕图本
黑人上身赤裸，下身有腰围，左手举蛇欲入口，准备吞食。

黑人

汪绂图本
黑人虎首人身鸟足，左手握住
一条蛇，右手举蛇欲食。

蒋应镐图本　钉灵国一带

南方有嬴民，皆为人面鸟足神。
又有苗民，其生活的地方有个
叫延维的神，为人面双头蛇，
正盘踞于山坡之上。蛇山上有
一种鸟，名鸒鸟，正四只结伴
在天空飞翔。还有个钉灵国，
那个人面马足人即为该国之人。

yán wéi

延维又叫委蛇、委维或委神，是水泽之神。传说齐桓公在大泽狩猎时看到了延维，当时桓公不知那是什么东西，就对旁边的管仲说："我看见鬼了，仲父你看见了吗？"管仲却说："臣下什么也没看见啊。"齐桓公心存疑虑，回去之后便生病了，数日没有上朝。

齐国的皇子告敖知道这件事之后就去觐见桓公，说道："这是您自己的心病，恶鬼怎么能伤害到您呢？"桓公就问："难道没有鬼吗？确实就我一个人看见了啊。"皇子就说："确实有鬼，山上有夔，原野中有彷徨，水泽中有委蛇。您在水泽狩猎，看到的自然是委蛇。"桓公就问："委蛇是什么形状的？"皇子说："委蛇大小和车毂相当，长短和车辕相近，穿紫色衣服，戴红色冠冕。他不喜欢听雷声车响，往往支着脑袋站立着。谁看见他谁就能称霸天下，所以他不是一般人所能见到的。"听到这里，桓公精神振奋，大笑起来，说："这就是我所看到的啊！"于是整理衣冠坐着和皇子聊了起来。当天，他身上的病就消失得无影无踪了。后来齐桓公果然称霸，成为春秋五霸之首。

蒋应镐图本
图中延维是长着人头的双头蛇，两个头并排戴冠，好像是一男一女。

汪绂图本

图中延维是双头蛇，身穿长袍，
身后有尾，作蹲状。

相顾之尸

xiāng gù zhī shī

汪绂图本
图中的相顾之尸，手被反绑在后，戴着刑具。
但是他神色坦然，没有任何愧悔之情。

"北海之内，有反缚盗械、带戈常倍之佐，名曰相顾之
尸。"在北海以内，有一个双手被反绑着、戴着刑具、带着戈
的人，名叫相顾之尸。他和贰负及其臣危一样是因犯错误而被
杀的，其肉体已死，但灵魂不死，仍然以尸的形态继续活动。

玄豹

xuán bào

《禽虫典》

玄豹虎头豹身，仰头长啸，十分威武。

　　北海以内，有一座山，名叫幽都山，黑水就从幽都山发源。北方五行属水，崇尚黑色，所以北方幽都山上的禽鸟野兽都是黑色的，它们是玄鸟、玄蛇、玄豹、玄虎、玄狐蓬尾。这些都是象征祥瑞的珍禽异兽。

　　尤其是玄豹这种珍兽更加罕见，它样子像虎，个头比虎稍小，性情凶猛，善于跳跃。捕食的时候一下可跳出三丈之远。它全身长着金黄色的毛发，其间镶嵌铜钱大小的黑点斑纹，华丽至极，故又称"金钱豹"。

　　传说周文王在与商纣王一战中惨败，被囚禁于"羑里"监狱，周人都觉得受到了奇耻大辱。文王手下有一名贤臣，名叫散宜生，一天，他在怀涂山得到一只玄豹，带去向纣王进献，纣王得到玄豹非常高兴，才下令释放周文王。

《吴友如画宝》
　　图中的玄豹，毛黄色，体形似虎又略微比虎小，既像在山林中漫步，又像在寻找猎物，形象十分传神。

钉灵国人

dīng líng guó rén

毕沅图本
钉灵国人，人面人身，穿着围腰，有马蹄，有毛。

钉灵国，也叫丁灵国、丁令国或马胫国。这个国家里的人自膝盖以下的腿部都长毛，脚的样子酷似马的蹄子，他们不骑马，却跑得比马还快。传说他们用鞭子抽打自己的脚，便能像马一样飞奔，跑得飞快，一日可行三百里。

汪绂图本

图中的钉灵国人，脚为马蹄，胳膊向一侧弯曲，
似有如风一样的速度。

炎帝后代

yán dì hòu dài

　　炎帝有一个孙子名叫伯陵，伯陵与吴权的妻子阿女缘妇私通，缘妇怀孕长达三年，这才生下鼓、延、殳三个儿子。殳最初发明了箭靶，鼓、延二人发明了钟，并创作了乐曲和音律。

　　黄帝之子骆明，骆明之子白马，这白马就是鲧。

　　帝俊之子禺号，禺号之子淫梁，淫梁之子番禺，番禺最早发明了船。番禺之子奚仲，奚仲之子吉光，吉光最早用木头制造了车子。也有传说认为是奚仲发明了木车。

少昊之子般，般发明了弓和箭。

帝俊赏赐给后羿红色的弓和白色的矰箭，用他的射箭技艺去扶助下界各国，后羿便开始去救济世间的人们。

帝俊还有八个儿子，他们最早创作出歌曲和舞蹈。帝俊生了三身，三身生了义均，义均便是帝尧身边的大臣巧倕，他最早发明了世间的各种工艺。后稷最早开始播种各种农作物。后稷的孙子叫叔均，叔均最早发明了使用牛耕田的方法。大比赤阴，开始受封而建国。鲧和大禹父子二人开始挖掘泥土治理洪水。

炎帝的妻子，即赤水氏的女儿听訞（yāo）为炎帝生下炎居，炎居之子节并，节并之子戏器，戏器之子祝融。祝融之子水神共工。共工之子术器。术器的头是平顶方形，他恢复了祖父祝融的土地，从而住在江水之畔。共工之子后土，后土之子噎鸣，噎鸣生了一年中的十二个月。洪荒时代到处是漫天大水。鲧偷拿天帝的息壤用来挡住洪水，息壤是一种可以自己生长不息的神奇土壤，只要将一小块投向大地，马上就会生长、增加，以致积成山、堆成堤。大地填上息壤之后，人们住在了息壤堆积起来的高地上，洪水淹不到，只能顺着沟壑流走了。

而鲧偷窃息壤的事也被天帝发现了，他勃然大怒，便派祝融在羽山的郊野把鲧杀死，并夺回了息壤，从此人间又回到了洪水泛滥的境地。虽然鲧被杀死，但尸体三年没有腐烂，天帝知道后又派了一个天神到羽山脚下，用一柄名叫吴刀的宝刀剖开了鲧的肚子，结果从肚子里钻出了一条虬龙，飞上云霄，这就是大禹。而鲧的尸体，则化作了一条黄龙，钻入了羽山旁的羽渊，也有说化为黄熊的。天帝后来就命令禹开通河道。

大禹治水时，应龙在他前面拽尾划地，划出河道；玄龟则背负息壤跟在禹身后，禹就用息壤来造山堆堤。这样疏浚与湮塞的方法并用，最后终于战胜了洪水，从而将天下划定成九州。

到今天，"炎黄子孙"已经成为全球华人的自称。炎黄二帝是中华始祖，他们的后代也创造了丰富的文化和技术，为我们创造了非常辉煌的历史。各个部落、联盟之间不断融合，形成今天我们伟大的祖国。我们不应当忘记在远古时期为中华民族做出杰出贡献的炎黄先祖们，他们让我们拥有更多的勇气和智慧，创造更加美好的生活。